KB062028

어떻게 말해야 할지 막막한 나에게

딱 맞는 스피치 스타일

어떻게 말해야 할지
막막한 나에게
딱 맞는
스피치
스타일

임유정 지음

원앤원북스

당신은 호감 가는 말하는 스타일,
즉 스피치 스타일을 갖고 있나요?

"우리 부장님은 말이 안 통해."

"당신은 왜 말을 그렇게 해? 말 좀 예쁘게 할 수 없어?"

"어머, 저 사람 말하는 것 좀 봐. 완전 비호감이야."

사람들에게는 각자가 갖고 있는 말하는 스타일, 즉 스피치 스타일이 있다. 강한 카리스마 스피치 스타일을 갖고 있는 사람들과 말하다 보면 나도 모르게 쫓기는 느낌이 들고 주눅이 든다. 반대로 나의 말을 항상 경청해주고 맞장구도 잘 쳐주고 질문도 잘해주는 배려 스피치 스타일을 갖고 있는 사람들을 만나면 만남 자체가 행복이다.

나는 과연 어떤 스피치 스타일을 갖고 있을까?

모두 자신만의 스피치 스타일이 있다. 자신이 추구하는 패션 스타일과 헤어 스타일이 있는 것처럼 현재 자신만의 스피치 스타일이 있는 것이다. 이 스피치 스타일이 호감이면 좋은데, 비호감적인 요소가 있다면 인간관계나 비즈니스가 힘들어질 수 있다.

사람들은 자신의 모습을 객관적으로 보지 못한다. "왜 이렇게 말이 안 통해? 정말 답답해." "왜 남들한테 거절을 못 해? 가서 당당히 말하라고." "아니, 말 안에 어떻게 논리가 하나도 없을 수 있어? 하나 마나 한 얘기를 저리 길게 하네." 만약 이런 말을 듣고 있다면 내 안에 다른 내가 있을 수도 있다. 그리고 그것을 꼭 찾아야 한다.

사람들에게 호감을 주는 스피치 스타일은 무엇일까? 앞에 나와 프레젠테이션을 하거나 스피치를 할 때 카리스마 있고 당당하게 말하는 모습, 대화를 할 때는 경청하고 질문하고 칭찬하는 부드러운 모습, 스피치 내용에서 논리와 감성이 조화를 이룰 때 우리는 '저 사람 참 호감이군.'이라고 느낀다. 하지만 반대로 앞에 나와 말할 때 지나치게 상대방의 눈치를 보고 대화를 할 때는 자기 말만 우기고 내용에 논리만 혹은 감성만 들어 있으면 당신을 비호감으로 볼 수 있다.

지금 나는 어떤 스피치 스타일을 갖고 있을까? 내가 말을 할 때 나는 어떤 모습으로 상대방에게 보일까? 혹시 비호감으로 보일 수 있는 요소가 있지 않을까? 그렇다면 지금 내가 갖고 있는 스피치 스타일을 객관적으로 진단해보자. 진단 결과가 내가 생각했던 나와 다르게 나오는 것을 보면 '아, 사람들이 나를 오해할 수 있었 겠다.'라는 생각이 절로 들 것이다.

매번 '냉정하다. 쌀쌀맞다. 강하다.'라는 말을 자주 듣는 50대 여성이 있었다. 본인이 이렇게 강하니 어디를 가나 부드러운 대우 를 받지 못했다. 그런데 그분의 안을 들여다보니 대나무 안의 죽 순처럼 아주 부드럽고 따뜻한 분이었다. 그래서 그분의 따뜻한 감 성을 꺼내는 교육을 진행했다. 그 결과 아주 부드럽고 유한, 그러 면서도 원래 갖고 있는 카리스마가 조화를 이룬 그분만의 스피치 스타일을 갖게 됐다.

지금 내가 갖고 있는 스피치 스타일은 '예전의 나'의 결과물 이다. 어렸을 적 집안환경, 부모의 양육태도, 타고난 성격과 가치 관, 직업 등등이 지금 나의 스피치 스타일에 영향을 미칠 수 있다. 현재 내가 갖고 있는 말하기 스타일을 진단하고 이에 대한 원인 을 과거에서 찾는다면 내 매력이 진하게 나오는 스피치 스타일을 찾을 수 있다.

9년간의 방송생활을 끝내고 '라온제나 스피치'라는 스피치 아카데미를 개원한 지도 벌써 10년이 훌쩍 넘었다. 그사이 라온제나 스피치는 업계 최고의 스피치 아카데미로 사람들에게 전문성에서 큰 인정을 받았다. 하지만 스피치 교육을 진행하며 항상 아쉬움이 남았다. '그래, 스피치에서 논리는 정말 중요하지. 그리고 목소리와 보디랭귀지도 중요하지. 하지만 단순히 이 3가지를 코칭하는 것이 스피치의 전부일까?'

그러다 한 학생의 입에서 나온 말이 내 머릿속을 울렸다. "선생님, 사람들이 제 말하는 스타일이 싹 바뀌었대요." 이 말을 듣는 순간 "유레카!"라고 외칠 정도로 강력한 무언가가 떠올랐다. 그것은 바로 '스피치 스타일'이었다. 현재 그 사람이 갖고 있는 스피치 스타일의 문제점만 핀셋처럼 골라내 그에 대한 해결책을 집중 코칭한다면, 그리고 그 사람에게 가장 어울리는 최적화된 스피치 스타일을 찾아낸다면 훨씬 더 빨리, 더 많이 변화하지 않을까?

그날 이후로 지금까지 내가 지도한 회원 500명의 스피치 모습을 분석한 뒤 '스피치 스타일'이라는 학문을 체계화했다. 회원들의 동영상을 분석해보니 스피치 스타일은 크게 4가지 유형으로 나눌 수 있었다. 카리스마형·관계형·논리형·감성형으로, 이 4가지 스피치 스타일을 바탕으로 진단지를 만들어 회원들에게 작성하도록 했다. 진단지에 따라 각자에게 부족한 점을 개선하는 교육을 실시했고, 그 결과 스피치에 자신감이 붙은 교육생들의 표정을 눈으로 바로 확인할 수 있었다.

사람들마다 각자의 불안을 갖고 있다. 이 불안이 스피치를 할 때 나타난다. 스피치 스타일 찾기는 내가 갖고 있는 불안을 제대로 인지하고 해결책을 모색하는 과정이다. 이 책을 통해 여러분이 갖고 있는 불안을 정확히 해석해 내 안에 숨겨져 있는 매력 넘치는 스피치 스타일을 찾기 바란다.

항상 저와 함께 해주시는 주님 감사합니다.

2020년 5월 임유정

스피치 스타일은 현재 자신의 스피치 스타일의

문제점을 찾고 그 원인을 찾아가는 여행입니다.

스스로를 한번 돌아보는 것이지요.

그럼 한결 자신과 친해지고 자신감 있게

말하는 모습을 발견할 수 있을 것입니다.

스피치 스타일이란 '말하는 표현 방법에서 개인마다 일정하게 드러나는 유형'을 말한다. 사람들은 똑같은 메시지를 전달하더라도 서로 각자 다른 표현 방법을 선택한다. 예를 들어 "목이 마르니 물 좀 줘."라고 직접적으로 말하는 사람이 있는가 하면, "왜 이렇게 목이 마르지? 짜게 먹었나?"라고 간접적으로 물을 달라는 메시지를 전달하는 사람도 있다. 각자의 성격과 가치관, 가정환경, 스피치 경험 유무, 직업, 스피치 멘토에 따라 서로 다른 스피치 스타일을 보여준다.

1장

스피치
스타일이란
무엇인가

누구에게 스피치 스타일
교육이 필요할까?

우리 주변에는 상대방을 카리스마 있게 제압하는 사람이 있는가 하면,
반대로 상대를 너무 배려해 거절을 어려워하는 사람도 있다.

스피치 아카데미 회원 가운데 권위적인 말투를 쓰는 의사가 있었다. 자신은 그렇지 않다고 생각하지만 환자들에게 "너무 냉랭하다." "무뚝뚝하고 무서워 보인다." "마치 화가 난 것 같다."라는 말을 많이 들어서 나를 찾아왔다. 자신이 다정다감한 성격은 아니지만 이렇게 냉정하다는 평가를 많이 듣다 보니 진료를 보면서도 계속 스트레스를 받았다고 한다.

이 회원은 아버지가 일찍 돌아가시고 어려운 가정환경에서 자랐는데, 워낙 어렸을 적부터 '살아남아야 한다.'라는 마음으로 여유 없이 살다 보니 강압적이고 권위적인 말투를 갖게 되었다. 신

입 때는 몰랐는데 시간이 지나 리더가 되면서 부하직원들과의 소통도 필요했고, 이제 중학교에 들어가는 자녀와도 소통이 잘 되지 않아 더 늦기 전에 자신의 스피치 스타일을 바꾸고 싶어했다.

이분이 항상 입에 달고 사는 말이 있었다. 바로 "너는 너! 나는 나!"였다. 항상 다른 사람과 경계를 두고 그 선을 넘지 않으며 살아왔지만 이제 막 40대 중반에 들어서자 '외로움'만 남았다.

물론 이와 반대로 상대방을 너무 배려한 나머지 자신의 목소리를 내지 못하는 사람들도 많다. 지방에서 교육 공무원으로 일하고 있는 한 여성 회원은 상대방에게 큰 목소리를 내거나 당당하게 자신이 원하는 것을 요구해본 적이 별로 없다고 한다. 배려심 있는 사람으로 비추어질 수 있지만, 다른 부서와 협업시 너무 많은 일을 혼자서 또는 자신의 조직원들이 떠맡는 것이 곤란해 해결법을 찾고 싶다고 토로했다.

우리 주변을 둘러보면 상대방을 카리스마 있게 제압하는 사람들이 있는가 하면, 오히려 반대로 상대방을 너무 배려해 부탁이나 거절을 못 하는 사람들도 있다. 상대방에게 큰 목소리로 말하면 너무 강압적으로 들리지 않을까 하는 생각에 언제나 작고 조심스럽게 말하는 사람도 있다. 하지만 상대방을 지나치게 배려하는 모습이 상대방에게는 약간의 가식으로 느껴져 거리감을 유발할 수도 있고, 상대방의 지나친 요구를 거절하지 못해 본인이 스트레스를 받거나, 사람들이 자신을 해당 분야의 전문가로 보지 않고 유약하게 볼 수도 있다.

경영자라면 일방적인 스피치 스타일에서 벗어나자

스피치 강사로서 교육을 시작한 지 벌써 10년이 훌쩍 지났다. 10년이면 강산도 변한다는데, 스피치 강사로 활동한 것이 방송을 했던 시간보다 더 많아지는 것을 보니 '그래, 내 천직은 스피치 강사구나.'라는 생각이 든다.

지난 10년이 넘는 기간 동안 정말 많은 분들을 만났다. 나를 찾아온 분들 모두 '스피치를 잘하고 싶다.'라는 바람과 함께 '성공하고 싶다.'라는 간절함도 갖고 있었다. 한 분 한 분 모두 기억에 남지만 그 중에서도 자산의 규모가 한국에서 열 손가락 안에 뽑힐 정도로 대단한 경제력을 갖춘 분이 기억에 남는다. 큰 회사를 경영하고 있지만 항상 점심으로 검소한 도시락을 먹는 모습을 보며 '성공하는 사람들은 돈 이외에 자신을 앞으로 달려가게끔 만드는 강력한 무언가를 갖고 있구나.'라는 생각을 하게 되었다.

이분은 직원들 앞에서 자신의 의견을 명확히 전달하면서도 자연스럽게 소통할 수 있는 스피치 스타일을 갖고 싶어했다. 하지만 부정확한 발음과 경미한 무대공포증으로 항상 고개를 숙이고 대본만 읽는, 단절된 스피치 스타일을 구사하고 있었다. 스토리를 키워드로 삼아 말하는 방법을 지도했더니 원하던 대로 자연스럽게 시선을 맞추며 스피치하는 소통형 스피커가 되었다.

큰 웨딩홀을 운영하고 있는 한 회원은 무대공포증이 심해 앞에 나가 말하는 것을 항상 피했다. 하지만 사업체가 커지면서 인맥을 관리하기 위해 모임에 나갈 수밖에 없었고, 앞에만 나가면 긴장해 사시나무 떨듯 몸을 떠는 자신의 모습을 보면서 너무 부끄러웠다고 한다. 나는 그가 갖고 있는 현재의 스피치 스타일을 진단하고 두려움의 원인을 분석한 뒤 짤막한 스피치 훈련부터 실시했다. 그 결과 이 회원은 모임에서 자기소개 및 건배사 등은 편안하게 할 수 있는 스피치 능력을 갖추게 되었다.

기업은 대표의 이미지에 따라서 평가받기도 한다. 현대자동차 그룹 정몽구 회장의 스피치 스타일을 보면 굉장히 남자답고 카리스마가 넘친다. 애플의 스티브 잡스는 카리스마 있으면서도 제품에 관한 전문성과 친밀감을 높이는 스피치를 구사했다. 미국의 TED 콘퍼런스의 강연 영상들을 보면서 '어찌 저들은 저렇게 자연스러운 퍼블릭 스피치public speech를 할 수 있을까?' 하고 부러웠던 경험이 있다면 스피치 스타일에 주목하자.

스피치는 문화와 같다. 문화는 순식간에 뚝딱 만들어지는 것이 아니다. 물줄기가 강이 되고 바다가 되려면 천천히, 오랜 시간이 흘러야 가능하다. 5년 전만 해도 연사에게 이어마이크를 끼고 무대를 누비는 강연을 요구하면 "어색하고 불편하다." "우리나라 정서와는 맞지 않다."라고 말했지만, 이제는 누구나 소통을 강조하며 자연스럽게 말하는 스피치 스타일을 구사하고 싶어한다.

본인 마음대로 몸이 따라준다면 얼마나 좋을까? 소통하는 스피치를 하고 싶어도 기술이 없으면 그 마음이 몸으로 표현될 수 없다. 기업의 대표들도 이제는 스피치 스타일 교정을 통해 일방적인 스피치 스타일에서 벗어나 청중과 호흡하는 양방향 커뮤니케이션 스피치 스타일을 구사해야 한다.

능력을 인정받으려면 수동적인 스피치 스타일에서 벗어나자

기업 내에서의 프레젠테이션도 마찬가지다. 예전에는 전문 프레젠터를 영입해 입찰 프레젠테이션을 하는 경우가 많았지만, 이제는 프로젝트를 연구한 책임자가 직접 프레젠테이션까지 하는 경우가 대부분이다. 얼마 전 모 전자회사의 신제품 출시 프레젠테이션 코칭을 맡은 적이 있었다. 이곳 역시 이전까지는 전문 마케팅 프리젠터가 프레젠테이션을 전담했지만, 이번에는 개발자가 직접 프레젠테이션을 하라는 지시가 떨어졌다. 그래서 평소에 연구만 하던 개발자는 프레젠테이션을 위한 스피치 수업을 받았고 성공리에 프레젠테이션을 마칠 수 있었다.

생각해보라. 입찰 프레젠테이션뿐만 아니라 보고나 기획과 관련된 발표가 많이 이루어지는 회사 내에서, 프로젝트를 진행할 때 그 프로젝트의 책임자는 누가 맡는가? 연말이 되면 누가 승진을 빠르게 하는가? 상사에게 능력을 인정받는 사람에게는 공통적으로 어떤 능력이 있었는가?

이 질문에 여러분은 '스피치 능력'이라는 단어를 떠올렸을 것이다. 아는 것도 중요하지만 아는 것을 표현하는 스피치 능력 또한 중요하다. 만약 조직에서 인정받고 성공하고 싶다면 현재의 적극적이지 못하고 내용에 몰입을 방해하는 수동적인 스피치 스타일에서 반드시 벗어나야 한다.

영업자라면 관계형 스피치 스타일은 필수다

마케팅에서도 스피치는 절대적이다. 호감이 가는 스피치 스타일을 갖고 있어야만 첫 만남에서 좋은 인상을 줄 수 있고 관계를 더욱 오래 맺을 수 있기 때문이다. 처음에는 달콤한 말로 사람을 유혹하다가도 '영업'이 끝나면 바로 언제 그랬냐는 듯 달라지는 사람들을 우리는 흔히 볼 수 있다. '사람'이 아닌 '돈'에만 관심이 있는 사람들이다.

영업을 잘하는 사람들을 보면 관계형 스피치 스타일을 갖고 있는 경우가 많다. 관계형 스피치 스타일이란 혼자 일방적으로 말하는 것이 아니라 마치 함께 호흡하는 것처럼 이야기를 주고받는 스타일을 말한다. 누구나 다 알고 있지만 잘 지켜지지 않는 원칙인 '고객의 말을 먼저 듣자.'를 지키며 고객과의 대화를 통해 얻은 정보를 활용해 고객이 듣고 싶은 말만 골라서 해주는 사람들이 바로 '영업의 신'인 사람들이다.

그런데 영업자 가운데 카리스마형 스피치 스타일로 전문성을 표현하는 사람들도 상당히 많다. 법인 기업의 대표들을 대상으로 하는 절세나 투자 전략을 강의하는 분들이 이에 해당되는데, 자칫 이러한 전문적이고 권위적인 모습이 상대방을 불편하게 만들 수 있다는 사실을 잊어서는 안 된다. 한국 내 굴지의 생명보험회사 법인 담당 설계사를 지도한 적이 있는데, 카리스마가 너무 강해서 내내 마음이 불편했다. 왜 그렇게 강하게 말씀을 하시냐는 질문에 지금까지 그렇게 했고, 본인이 바꿀 수 있는 부분도 아니라고 답을 했다. 물론 그분은 이런 내 의견에 맞춰 전문성과 친근감을 모두 갖춘 스피치에 도전했지만 이렇게 하기까지 상사들의 반발이

꽤 거셌다고 한다.

보험이나 재무설계, 화장품 방문판매 등의 영업을 하는 사람들 중에는 마음속에 '화'가 많아 겉으로는 웃지만 속은 어두운 사람들이 종종 있다. 자신의 마음 관리도 잘 못 하는데 다른 사람의 돈이나 피부를 관리한다는 것은 정말 어불성설이다. 평소 자신의 마음이 입으로 어떻게 표현되는지 자신의 스피치 스타일을 모니터링해 이를 개선하는 것이 좋다.

어떤 강의에서도 이제는 표현이 중요하다

요즘은 어느 일이든 본인이 알고 있는 전문성을 강의로 풀어내야 하는 사람들이 상당히 많다. 한 유명 사립대학교의 교수가 다급하게 나에게 전화해 도움을 청한 적이 있다. "방학기간에 기업 연수원에서 임원들을 대상으로 교육을 했는데, 강의 평가가 형편없네요. 콘텐츠는 좋았는데 너무 지루했다고 합니다. 어떻게 하면 재미있게 내용을 전달할 수 있을까요?"

요즘 교수들은 강의 평가가 중요해져서 예전과는 달리 강의력에도 관심이 많다. 각 대학교 교수학습지원센터에서 스피치 교육을 집중적으로 하는 이유도 이것 때문일 것이다. 교수들이 학교뿐만 아니라 기업에 가서 강의를 해야 할 때도 있고, TV 프로그램에 나와 강연을 해야 하는 경우도 있기에 요즘은 내용은 물론 표현에도 큰 관심을 쏟아야 하는 시대다.

이때 얼마나 논리적으로 '서론-본론-결론'을 배열하고, 그 안에 청중을 설득할 수 있는 에피소드를 넣느냐에 따라 '너알나알(너도 알고 나도 아는)' 스피치를 할지, 무릎을 탁 치게 만드는 통찰력 있는 스피치를 할지가 결정된다. 스피치의 기본 구조를 튼튼히 세운 다음, 그 안에 사람들이 관심 있어 할 만한 양질의 에피소드를 넣어 스피치의 설계도를 짜면 짧은 시간 안에 효과적으로 강의할 수 있다. 논리형 스피치 스타일을 강화시키면 그만큼 짜임새 있고 구조화된 강의를 할 수 있다.

소통하는 리더는 자신의 말을 객관적으로 듣는다

소통하는 리더가 되고 싶어서 본인의 스피치 스타일을 개선하려는 사람이 많다. 어떤 분은 어조가 높은 지역 사투리가 심해 무슨 말만 하면 "화가 났냐?"라는 소리를 자주 들었다고 한다. 사원이나 대리일 때는 일만 잘하면 되었지만 직급이 올라가면서 후배들을 챙겨야 할 일이 많아졌다. 하지만 강한 어투가 늘 문제가 되었고 어느 순간 굉장히 외롭다는 생각까지 들었다고 한다.

사람들은 자신의 말을 객관적으로 듣지 못한다. 자신은 부드럽게 순화해서 말한다고 생각해도, 상대방이 그렇게 느끼지 않는다면 상대방의 의견이 맞다. 주관적으로가 아니라 객관적으로 자신의 말을 들을 수 있어야 한다. 그렇게 하려면 일단 스피치의 기본원칙이 머릿속에 정립되어 있어야 한다.

스피치는 다음의 3가지 구성요소로 되어 있다. 첫째는 논리, 둘째는 목소리, 셋째는 보디랭귀지다. 무엇이 논리이고, 공적인 자리에서의 목소리는 어떻게 내야 하며, 안정감 있는 팔 모양과 밝은 표정, 그리고 눈빛은 어떻게 하는지 등을 실습 전에 이론으로 체계화하는 준비를 단단히 해야 한다.

취직을 원하면 인터뷰 스타일을 바꾸자

면접을 앞두고 있는 구직자라면 인터뷰 스타일도 바꿔야 한다. 열두 번씩 서류전형에 통과해도 최종면접에서는 항상 탈락의 고배를 마셨던 한 구직자는 왜 면접에서 떨어지는지 모르겠다는 말만 되풀이했다. 하지만 불합격하는 이유는 분명 있었다. 영업직을 지원하는데도 불구하고 능동적이지 못한 표정과 행동, 좋아하는 책이 무엇이냐는 질문에 아우슈비츠 강제수용소 생활 수기인 『죽음의 수용소에서』라고 당당히 말하는 모습을 보며, "영업직에 합격하기 위해서는 너의 스피치 스타일부터 확 바꿔."라고 강하게 말할 수밖에 없었다. (물론 『죽음의 수용소에서』라는 책은 죽음조차 희망으로 승화시킨 인간 존엄성의 승리를 다룬 좋은 내용의 책이다. 하지만 영업직을 지원한 면접에서는 제목만으로 어두운 분위기를 부각시킬 수 있었다.)

면접에 합격하고 싶다면 지금 본인의 스피치 스타일을 먼저 분석해보자. 이성과 감성의 조화로움을 유지하며 말하는 사람들이 사람을 잘 설득한다. 면접을 볼 때 너무 이성적으로 사실만 답하면 오히려 면접관에게 진심이 진실되게 전달되지 않는다. 반대로 너무 감성적으로만 말하면 "왜 이렇게 뜬구름 잡는 이야기만 해?"라는 말을 들을 수 있다. 여러분은 과연 어떤 스피치 스타일로 면접을 보고 있는가?

현재 본인의 스피치 스타일이 어떤지 생각해보자. 동료나 친구, 직장상사나 부하직원과 행복한 관계를 만드는 소통하는 스피치 스타일을 완성하고 싶거나, 프레젠테이션과 보고, 회의, 면접 등 공식적인 자리에서 좀더 자신감 있고 당당한 세련된 스피치 스타

일을 만들고 싶다면 지금부터 시작하자. 헤어 스타일과 패션 스타일을 싹 바꾸듯이 본인의 스피치 스타일에도 변화를 시도해보자.

"강한 말투, 반대로 너무 부드러운 말투는 모두 독이 될 수 있다."

현재의 스피치 스타일을
갖게 된 원인을 알자

본인이 현재 호감 가는 스피치 스타일을 가지고 있다고 생각하는가?
지금 당장 스스로의 스피치 스타일을 돌아보자.

현재의 스피치 스타일을 갖게 된 원인은 무엇일까? 지금의 나
는 과거의 내가 선택한 결과물이다. 과거에 자신이 어떻게 지금의
모습이 되었는지, 그 원인은 무엇인지 천천히 살펴보자.

각자의 성격에 따라

성격은 개인이 가지고 있는 고유의 성질이나 품성을 말한다.
성격은 외성향과 내성향으로 나눌 수 있는데, 외성향인 사람은 상

대방과 자신감 있게 대화하는 경우가 많다. 하지만 내성향인 사람들은 본인의 말이 상대방에게 어떻게 들릴지 항상 고민하거나 '굳이 이런 말까지 상대방에게 해야 하나?'라는 생각에 대부분 단답형으로만 말한다.

외성향인 사람들은 감성이 풍부해 다른 사람에게 과하게 표현하는 경우가 많다. 조금만 좋아도 "굉장히 좋아. 정말 엄청나."라며 과장하는 경우가 이에 해당된다. 하지만 내성향인 사람들은 신중하기 때문에 감정을 과장되게 표현하는 경우가 좀처럼 없다. 굉장히 좋을 때도 "괜찮은 것 같아."라며 감정 표현을 아끼는 경향이 있다. 그래서 말을 굉장히 재미있게 하는 사람들을 보면 성격이 외성향인 사람이 많다.

어릴 때의 가정환경에 따라

어렸을 적의 경험이 사람에게 미치는 영향은 생각보다 크다. 특히 부모의 영향력은 절대적이다. 마더 쇼크mother shock처럼 '파더 쇼크father shock'라는 것이 있다. 어렸을 적 아버지와의 관계가 제대로 형성되지 않으면 자아존중감과 사회성에 악영향을 줄 수 있다.

가부장적이고 보수적인 가정환경에서 자란 사람은 자신의 뜻을 다른 사람 앞에서 발표하는 것에 막연한 두려움을 느낀다. 하고 싶은 말이 있어도 강압적인 부모의 영향으로 할 말을 제대로 하지 못했던 경험이 기억 속에 남아 있어, 성장해서도 다른 사람 앞에서 자신의 이야기를 자유롭게 하지 못하는 것이다.

어렸을 적 부모의 강력한 힘으로 인해 무기력함을 경험했던 사람들은 은연중에 두려움과 무서움이 남아 있다. 하지만 반대로 부모와 함께 식탁에서 식사하며 자유롭게 말했던 경험이나, 가족들이 자신의 말에 수긍하고 공감해주었던 경험이 있는 아이들은 성인이 되어서도 다른 사람 앞에서 자신의 의견을 당당하게 말할 수 있다.

스피치 경험 유무에 따라

스피치 경험이 많으면 아무래도 앞에 나와 말도 잘할 수밖에 없다. 학창시절 반장이나 회장을 해본 경험이 있거나 사회에 나가 모임에서 자기소개나 건배사, 프레젠테이션을 많이 해본 사람들이 말을 잘한다. "경험만큼 좋은 스승은 없다."라는 말도 있지 않은가. 하지만 이러한 경험이 오히려 스피치에 대한 안 좋은 기억을 만드는 경우도 있다.

어느 대기업의 차장으로 근무중인 회원을 지도한 적이 있었는데, 그는 '말'에 대한 안 좋은 경험이 있었다. 어렸을 적 친구들 앞에 나가 퍼블릭 스피치public speech를 했다가 친구들이 자신의 스피치를 듣고 웃음을 터트렸던 것이다. 게다가 담임 선생님이 "그렇게 말하면 어떻게 하니? 준비를 제대로 했어야지."라는 말을 해 더욱 위축되었고, 그는 그 이후로 앞에 나와서 발표하는 것이 두려워졌다고 한다.

사람들은 경험을 통해 인생에 대한 교훈을 배운다. 하지만 경험이 잘못되어 인생이 다른 방향으로 흐르는 사람들도 있다. 만약 어렸을 적에 발표하는 자리에서 실수한 경험이 있다면 '다시는 앞에 나가 말하지 말아야겠다.'가 아니라 '앞으로 발표할 때는 준비를 철저히 해야겠다.'라는 교훈을 얻었어야 한다. 몸으로 하는 직접 경험이든 머리로 하는 간접 경험이든 경험만큼 좋은 것은 없다.

어떤 직업이냐에 따라

직업에 따라 사람들의 생각과 행동 유형이 달라질 수도 있다. 선생이나 교사, 강사처럼 누군가를 가르치는 직업을 가진 사람들은 말은 참 잘하지만 자신의 뜻을 상대에게 너무 강압적으로 강요하는 경우가 있다. 또한 연구직이나 사무직처럼 앞에 나와 말할 기회가 별로 없는 사람들이 1년에 한 번 할까 말까 한 퍼블릭 스피치를 앞두고 무대공포가 생기는 것은 당연할 것이다.

영업을 하거나 말을 많이 하는 직업군에 있는 사람들의 목소리를 들어보면 공명共鳴, 울림소리이 굉장히 많은 것을 알 수 있다. 하루 종일 워낙 말을 많이 하니 자신도 모르게 울림소리가 표현되는 것이다. 하지만 중요한 것은 어떤 직업이든 초심자 때는 스피치가 크게 중요하지 않지만 상급자, 즉 리더로 올라갈 때는 반드시 스피치가 필요하다는 것이다. 기업의 대표나 임원에게 프레젠테이션을 하거나 부하직원들을 이끄는 리더십을 말로 표현할 수 있어야 하기 때문이다.

스피치 멘토가 누구냐에 따라

스피치의 롤모델이 누구냐에 따라 사람들은 각자 다른 스피치 스타일을 가진다. 아나운서는 처음 입사한 후 아나운서 선배들 가운데 한 사람을 선택해 그 사람의 스피치 스타일을 따라하는 경우가 많다. 이렇게 그 선배를 모방하다 보면 자연스럽게 그 사람처럼 말을 하게 된다.

하지만 스피치 롤모델을 잘못 정해 비호감의 스피치 스타일을 갖게 되는 사람들도 있다. 자신은 유머러스한 성격이 아닌데 억지로 유쾌한 사람을 따라해서 오히려 청중의 반감을 사는 경우도 있고, 강하고 카리스마 있는 스피치 스타일을 따라하다 자칫 매섭게만 보이는 경우가 종종 있다. 자신의 성격과 가치관, 직업, 그리고 스피치를 하게 되는 상황(청중 분석)을 고려해 그에 맞는 스피치 멘토를 정해야 한다.

이 밖에도 공무원과 사법시험 준비로 공부를 너무 오래 했거나, 외국에 살다 왔거나, 본인의 마음에 화가 많거나, 사람들과 어울리기보다는 혼자 있는 것을 좋아하는 등의 다양한 요인이 스피치 스타일 형성에 영향을 미칠 수 있다.

한번 생각해보자. 여러분은 지금 호감 가는 스피치 스타일을 갖고 있는가?

"항상 화가 나 있는 것 같다." "주눅들어 보인다." "적극적으로 자신 있게 말해봐." "열정을 다해봐." "적극성이 떨어진다." "항상 기운이 없어 보인다." "부정적으로 말하지 마." "긍정적으로 생각해."와 같은 말을 듣는 사람이라면 지금 당장 본인의 스피치 스타일을 바꿔보자.

"현재 내가 가진 스피치 스타일의 원인은 과거에 있다."

스피치 스타일의 개선이
시급하게 필요한 이유

자신의 스피치 스타일을 객관적으로 진단하고 원인을 탐색한 뒤,
해결책을 찾으면 소통하는 스피치가 가능하다.

나는 스피치 아카데미에서 적게는 하루 6시간씩, 많게는 10시간 이상 스피치 스타일 교육을 하고 있기 때문에 사람들이 어떤 고민을 하고 있는지 아주 직접적이고 근본적인 이야기를 들을 기회가 많다. 그들이 대부분 고민하고 있는 것은 바로 '관계'다. 즉 고객이나 직장동료와의 관계, 부부 사이에서의 관계다.

관계가 어긋나면 자신의 중심이 흔들리면서 "어떻게 해야 할지 모르겠다."라고 말하며 혼돈에 빠지거나 방향을 잃어버린다. 관계가 좋지 않으면 행복할 수 없다.

지금 당장은 시간을 다른 사람과 나누어야 하기 때문에 단기적

으로는 손해를 보는 것 같지만, 관계에서 오는 행복감을 아는 사람들은 장기적으로 좋은 결과를 준다는 것을 알고 있다. 하지만 사람과의 관계를 중요하게 생각하지 않는 사람들은 단기적으로는 성과가 나더라도 곧 번아웃burn out되어 외톨이가 된다.

관계가 좋아야 성공할 수 있다. 너무 강한 표현일지 모르겠지만, 돈을 혼자서는 벌 수 없다. 혼자서는 성공할 수 없는 것이다. 관계 안에 행복과 성공이 있다.

사람의 마음을 단번에 얻을 수 있는 호감 가는 스피치 스타일을 구사할 수 있다면 얼마나 좋을까? 자신이 누군가에게 호감으로 보인다면 스스로도 본인을 괜찮다고 여길 수 있다. 만약 누군가가 자신을 비호감으로 본다면 자기 자신도 그 점을 미워하게 된다. 타인과의 관계를 위해서, 그리고 나 자신과의 관계를 위해서 호감 가는 스피치 스타일을 표현할 수 있도록 꾸준히 관리해야 한다.

부정적인 스피치 스타일로는 행복할 수 없다

행복한 사람들의 공통점이 무엇인지 아는가? 바로 다른 사람과의 관계가 굉장히 좋다는 것이다. 관계에 대해 여러 번 언급했지만 그만큼 관계라는 것은 참 중요하다. 우리는 혼자 살아갈 수 없다. 반드시 누군가와 관계를 맺을 수밖에 없다. 이때 관계에 대한 불안과 두려움이 있다면 행복해질 수 없다.

다른 사람과 관계가 좋은 사람들에게는 타인을 볼 때 장점만을 본다는 공통점이 있다고 한다. 평소 상대방의 장점만 보려고 노력하고, 그것을 말로 칭찬하고 인정해주면 다른 사람과의 관계가 좋아질 수밖에 없을 것이다.

하지만 어떤 사람들은 상대방의 장점보다는 단점만 보고 심지어 그것을 말로 표현한다. "저 사람은 얼굴만 멀쩡하고 능력은 정말 없어. 지금까지 뭐하고 살았나 몰라." "저 사람은 입이 정말 싸. 다른 사람들 이야기를 얼마나 많이 하고 다니는지…. 자기나 잘하라지."라는 식으로 말이다.

매일 불평불만을 털어놓는 사람들은 내적 대화intrapersonal communication를 항상 부정적으로 하기 때문에 타인도 자신도 행복해질 수 없다. 건강한 내적 대화를 통해 건강한 스피치 스타일을 만들어야 행복해질 수 있다. 다른 사람과의 관계에서 건강하지 않은 비호감의 스피치 스타일을 갖고 있으면 다른 사람과 좋은 관계를 맺을 수 없다.

말을 잘하면 불편해지지 않는다

흔히 "스피치를 잘해야 성공하는 시대"라고들 말한다. 나는 지난 10여 년간 아나운서와 쇼핑호스트로 지내고, 스피치 아카데미를 운영한 지도 10년이 훨씬 넘었지만 이러한 말에 동의하지는 않는다. 말을 잘 못 해도 성공한 경영인을 많이 보았기 때문이다. 말보다는 행동이 우선이다. 말만 번지르르한 것보다 행동으로 무언가를 보여주는 사람들이 더 큰 인정을 받는다.

하지만 말을 못 하면 너무 불편해진다. 내일모레 중요한 프레젠테이션이 있는데, 그것 때문에 식음을 전폐하거나 너무 떨려 아무 일도 집중하지 못하는 사람들이 있다. 프레젠테이션이 두려워 아무것도 못 하면 그 시간이 너무 아깝지 않은가? 말하기에 자신이 있다면 다른 일을 하다가도 잠시 시간을 내 발표 준비를 할 수도 있으니 효율적이다. 물론 잘 준비해서 여유 있게 프레젠테이션을 한다면 승진의 가능성은 더 높아질 것이다.

스피치를 잘하는 것만이 성공의 길이라고 말하지는 않겠다. 다만 스피치를 잘하면 불편하지 않을 수 있다. 퍼블릭 스피치를 할 때는 카리스마 있는 스피치 스타일이 필요하다. '나는 특별하다.'라는 가면을 쓰고 청중 앞에 당당히 서보자.

본인의 스타일을 알아야 스피치가 두렵지 않다

피트니스텐터에서 운동을 시작하기 전에 먼저 하는 것이 있다. 바로 '체지방 분석'이다. 몸의 어느 부위에 지방이 많은지에 따라 운동 방식도 달라진다. 마찬가지로 현재 본인의 스피치 스타일을 제대로 진단해야 그에 맞는 스피치 처방이 내려진다. 그래야 확실한 변화를 이끌어낼 수 있다.

하지만 현재의 스피치 교육은 단순히 목소리 교정이나 논리적으로 말하기, 보디랭귀지 훈련에 집중되어 있는 경우가 많다. 자신의 스피치 스타일을 객관화해 장점은 특화시키고 단점은 기술과 마음 훈련을 통해 변화시켜야 한다.

"100% 정확하게 조준해야 목표물을 맞힐 수 있다."라는 말이 있다. 이런저런 콘텐츠를 늘어놓고 '이렇게 하면 변화하겠지?' 하고 대충 지도하는 것과 개개인의 상황을 진단하고 그에 맞는 콘텐츠를 내놓는 것은 다를 수밖에 없다. 이렇게 세세하게 준비를 하고 다른 사람 앞에 나와야 스피치에 대한 두려움을 이겨낼 수 있다.

두려움을 없애는 만병통치약은 없다. 마치 불로장생의 약이 없는 것처럼 말이다. 현재 본인의 스피치 스타일을 객관적으로 진단하고, 생성된 원인을 탐색한 뒤 해결책을 찾으면 두렵지 않고 자유롭게 소통하는 스피치에 훨씬 더 빠르게 다가갈 수 있다.

스피치에 대한 두려움을 모른 채 그냥 덮어놓고 '잘되겠지!'라고 생각하다가는 자신도 모르게 마음속 깊이 있던 두려움이 툭 튀어나올 수 있다. 자기 안에 있는 근본적인 두려움을 편안함과 자신감으로 바꿔 표현하는 연습을 해야 한다.

청중과 소통하려면 스피치 스타일을 바꿔야 한다

스피치를 할 때 사람은 화자와 청자, 이 2가지 역할 중에 하나를 맡는다. 화자는 당연히 자신이 준비한 것을 논리정연하게 말해야 한다. 하지만 이때 청자의 마음을 얻기 위해 반드시 해야 하는 것이 있다. 바로 '청중 분석'이다. 청자의 성별, 연령, 인원, 전문성, 관심사, 지식수준, 지역, 직업 등 모든 것을 고려해 청중이 듣고자 하는 말을 해야 그들을 설득할 수 있다.

하지만 어떤 사람들은 청중 분석을 고려하지 않고 자신이 하고자 하는 말만 내뱉는 사람들도 있다. 그러나 이렇게 되면 청중과 소통하는 스피치를 할 수 없다.

스피치 스타일은 화자에게만 필요한 것이 아니다. 청자에게도 스피치 스타일이 있다. 만약 청자가 30~40대 남성이라면 감성적인 내용보다는 논리적이고 이성적인 내용이 훨씬 더 효과가 있다.

그러나 50~60대 여성이라면 감성에 주안점을 두어도 좋다. 이렇듯 스피치 스타일의 분석은 화자와 청자 모두에게 필요하다.

스피치 강사들이 가장 많이 고민하는 것은 '나의 교육을 통해 학생이 변화할까? 더욱 강력하게 변화시키는 방법은 없을까?'일 것이다. 나 역시 스피치 아카데미에서 스피치 강의를 하면서 가장 많이 한 고민이기도 하고, 지금도 여전히 그 해답을 찾기 위해 열정을 다하고 있다.

사람들은 각자 다른 이유로 나를 찾아오지만 내 귀에는 그 이유들이 전부 '성공하고 싶다.'로 들린다. 꼭 경제적인 성공이 아니어도 자신이 원하는 삶을 살고 싶어하는 성공의 욕구가 나를 찾아오게 하는 것은 아닐까?

하지만 혼자서는 성공할 수 없다. 우리는 타인과 관계를 맺고 그 안에서 성공의 길로 나아갈 수 있다. 그런데 만약 본인의 스피치 스타일이 비호감이라면 성공을 만들어가는 데 아무도 함께하지 않을 것이다. 그래서 호감 가는 스피치 스타일이 필요하다.

인사나 날씨 등에 대한 가벼운 이야기인 스몰토크small talk 보다는 면접이나 입찰 프레젠테이션 등의 퍼블릭 스피치에서 얼마나 자신감 있고 카리스마 있게 말하는지에 따라 성공의 기회를 잡을 수도 있고, 그렇지 않을 수도 있다. 성공하고 싶은가? 스피치에 자유롭고 여유로우며 편안해지고 싶은가? 그럼 스피치 스타일부터 바꾸자.

"너와 나, 모두가 함께 행복해지려면 스피치 스타일부터 바꾸자."

스피치 스타일의 4가지 유형을
제대로 이해하자

스피치 상황에 따라 감성형과 관계형, 논리형과 카리스마형을
자연스럽게 표현하는 사람이 굿 스피커다.

자, 이제 본인의 스피치 스타일을 바꿔보아야겠다는 생각이 드는가? 우리는 변화를 주기 위해 미용실에 가서 헤어 스타일을 바꾼다. 그리고 쇼핑몰과 백화점에 가서 옷을 고른다. 그러나 아무리 헤어 스타일이나 패션 스타일을 바꿔도, 사람들과 관계를 맺을 때의 대화나 퍼블릭 스피치의 스타일이 바뀌지 않는다면 아무 소용이 없다. 헤어 스타일이나 패션 스타일을 통한 이미지 메이킹이 잠시 상대방에게 호감을 줄 수는 있겠지만, 입을 여는 순간 모두 물거품이 될 수 있다.

이제 스피치 스타일을 바꿔보자. 스피치 스타일을 바꾸려면 현

재 본인의 스피치 스타일을 파악하는 것이 중요하다. 마치 병원에서 의사가 치료하기 전 어디가 아픈지 증상부터 살피는 것처럼 말이다.

나는 라온제나 스피치 회원 500명을 대상으로 그들이 실습한 동영상을 살펴보았다. 처음에는 각자 다른 스피치를 하고 있는 듯했지만 자세히 살펴 몇 가지 유형이 반복되는 것을 발견했다. 크게 4가지 스피치 스타일이었다. 다음의 4가지 유형을 읽을 때는 내 주변의 사람들을 떠올리며 '아, 그 사람은 이런 유형이구나.'라고 생각하면 내용이 더욱 흥미로울 것이다.

카리스마형 스피치 스타일

카리스마는 예언이나 기적을 나타낼 수 있는 초능력이나 절대적인 권위, 신의 은총을 뜻하는 그리스어 'Khárisma'에서 유래했다. 카리스마형 스피치 스타일은 말 그대로 카리스마 있게 스피치를 하는 유형이다. 대부분 스피치를 할 때 자신감이 넘치고 자신을 굉장히 특별하다고 생각하는 사람이 이 유형에 속한다. 카리스마가 있기 때문에 일대일 대화보다는 퍼블릭 스피치에 더 강한 면모를 보인다. 카리스마로 프레젠테이션이나 보고, 강연 등에서 청자들을 휘어잡을 수 있기 때문이다.

하지만 카리스마만을 강조하면 일상적인 대화에서는 고집불통처럼 보일 수 있다. 카리스마 있고 자신감 넘치는 모습이 상대방에게 위압감을 줄 수 있기 때문이다.

이렇듯 카리스마형은 일상적인 대화보다는 퍼블릭 스피치에 능하다. 자신을 굉장히 특별하다고 여기기 때문에 상대방을 은근히 무시하는 거만한 모습을 보이기 쉽다. 하지만 이런 자신감과 거만함은 하루아침에 생긴 것이 아니다. 능력이 있기 때문에 그것들이 쌓여 지금의 자신감을 만든 것이다. 카리스마형 스피치 스타일을 갖고 있는 대부분의 사람은 일에 대한 전문성과 능력이 뛰어난 사람들이다. 그것이 카리스마로 발현되는 것이다.

관계형 스피치 스타일

관계는 둘 이상의 사람, 사물, 현상 따위가 서로 관련을 맺거나 관련이 있음을 말한다. 관계형 스피치 스타일은 카리스마형과 반대로 혼자 말하는 것보다 사람들과 주고받으면서 말하는 스타일을 말한다. 즉 청중과 함께 호흡하며 서로 어울려 스피치를 하는 유형을 말한다. 자신이 말하고 싶은 말만 하는 것이 아니라 사람들과 소통하며 청중이 좋아하는 말도 함께하는 사람들이다. 아주 부드럽고 유연한 스피커다.

'국민 MC' 유재석이 바로 이 유형이다. 유재석은 TV 프로그램을 진행할 때 자신이 하고자 하는 말을 일방적으로 남에게 강요하지 않고, 적절한 질문을 통해 대화를 나누고 사전 준비를 통해 어떻게 해야 게스트가 빛이 날 수 있을까를 고민한다. 관계형은 'I'm special!'이라고 생각하는 카리스마형과는 달리 'I'm special!'과 'You're special!'을 함께 생각하며 말하는 스타일이다. 그래서 관계형의 스피치 스타일을 구사하는 사람들을 보면 자기 자신에 대한 자신감뿐만 아니라 상대를 귀하게 여기는 애정도 느낄 수 있다.

만약 여러분이 관계형의 스피치 스타일을 갖고 있다면 여러분은 최고의 스피커가 될 가능성이 크다. 서로 소통하는 스피치만큼 멋진 스피치가 어디에 있겠는가?

하지만 관계형이라고 다 똑같지는 않다. 관계형은 크게 2가지로 나눌 수 있는데 자신의 중심이 세워져 있으면서 여유롭게 청중과 호흡하는 적극형(건강한 관계형)과 상대방을 너무 지나치게 배려하는 배려형(건강하지 않은 관계형)으로 나뉜다. 당연히 자신감 있게 소통하는 스피치를 하기 위해서는 적극형의 관계형 스피치 스타일을 갖는 것이 좋다.

논리형 스피치 스타일

논리는 말이나 글에서의 짜임새나 갈피 혹은 생각이 지녀야 하는 형식이나 법칙을 뜻한다. 논리형 스피치 스타일을 가진 사람들은 구체적인 수치나 통계를 넣어 말하거나 사실적 근거에 입각해 말하기를 좋아하는 유형이다. 예를 들어 "새로 생긴 김치찌개 전문점 어때?"라는 질문에 "정말 맛있어."보다는 "별 5개 중에 4개 반 정도?"라고 대답하는 유형의 사람들이다.

항상 이렇게 논리적으로 말하다 보니 의사소통에 오류는 적을 수 있으나 냉정하고 메마른 인상을 주어 연사의 매력을 풍기기 어렵다. 논리적으로 다 맞는 말이지만, 그 말을 듣고 나면 굉장히 기분 나쁠 때가 있지 않은가? 어머니의 잔소리나 상사의 핀잔처럼 사실 다 맞는 말이지만 행동으로 옮기고 싶지는 않은 그런 경우 말이다.

물론 사람을 설득하는 데 정확한 논증으로 참된 결론을 도출하는 비판적 사고도 중요하겠지만, 사람은 감정이 동하지 않으면 움직이지 않는다는 사실을 잊지 말아야 한다. 논리적으로 말하는 사람들은 의사소통할 때의 오류를 기피하고, '그냥' '대충' '조금' '거시기' 등의 애매한 표현을 굉장히 싫어한다. 반대로 이런 말을 주로 하는 사람들이 바로 감성형 스피치 스타일의 사람들이다.

감성형 스피치 스타일

감성은 이성理性에 대응되는 개념으로, 사물의 대상을 오관五官으로 감각하고 지각해 표상을 형성하는 인간의 인식 능력을 말한다. 말이 조금 어렵지만 그냥 마음으로 느껴지는 희로애락을 감성이라고 생각하면 되겠다.

감성형 스피치 스타일의 사람들은 매번 마음이 앞선다. 예를 들어 병원에서 진찰을 받을 때도 "선생님, 제가 어젯밤에 아파서 잠을 한숨도 못잤어요. 아플 때는 정말 죽고 싶다는 생각밖에는 안 들어요."라고 감성적으로만 말하는 사람들이다. 같은 상황에서 논리형 스피치 스타일의 사람들은 "의사 선생님, 제가 어젯밤 10시에서 12시 사이에 총 3번의 복통이 있었고, 아픔의 정도는 상·중·중이었습니다."라고 말한다. 그럼 어떻게 이야기해야 의사가 자기의 말에 조금 더 집중할까? 병원에 한 번이라도 가본 적이 있다면 의사들이 논리형 스피치에 더욱 집중할 것이라 쉽게 짐작할 수 있다.

감성형 스피치 스타일의 장점은 바로 이야기를 정말 맛깔나게 한다는 점이다. 무엇이든 감정을 넣어 표현하기 때문에 듣는 이가 몰입할 정도로 스펙터클하게 이야기를 전개한다. 우리 주변에 말 잘하는 사람들을 관찰해보라. 감성형 스토리텔러가 많을 것이다.

하지만 감성형 스피치 스타일의 단점은 논리적이지 않고 뜬구름 잡는 말만 한다는 것이다. 만약 재미있었던 강연의 내용이 집에 돌아오니 기억에 남지 않는다면, 그 강연의 상사는 삼성형 스피치 스타일이었을 가능성이 크다.

스피치의 상황·주제·목적·청중에 따라 스피치 스타일의 4가지 유형인 카리스마형·관계형·논리형·감성형을 자연스럽게 표현하는 사람이 '굿 스피커'다. 일상적인 대화를 나눌 때는 감성형과 관계형이 발현되고, 퍼블릭 스피치를 할 때는 논리형과 카리스마형, 관계형을 무대 위에서 표현할 수 있는 이가 다른 사람들에게 호감을 줄 수 있다. 카리스마형·관계형·논리형·감성형의 스피치 유형 중 그 어느 것도 놓쳐서는 안 된다.

"사람들의 스피치 스타일은 크게 4가지 유형으로 나눌 수 있다."

사람들이 싫어하는
스피치 스타일이 있다

사람들에게 불쾌한 스피치로 인식될 수 있는 비호감 스피치 스타일에서
벗어나, 자신감 있고 호감 가는 스타일을 완성하자.

앞서 제시했던 스피치 스타일의 4가지 유형은 스피치의 장단점
을 각각 가지고 있다. 보통 일반적인 사람들이 보이는 유형으로
대화할 때나 퍼블릭 스피치를 할 때 카리스마형·관계형·논리
형·감성형, 이렇게 총 4가지 유형이 골고루 발현되면 멋진 스피
커가 될 수 있다.

대화를 할 때 관계형과 감성형은 부드럽게 상대방과 소통할 수
있다. 프레젠테이션이나 면접, 보고, 회의 등의 퍼블릭 스피치를
할 때는 카리스마형과 논리형을 갖춰야 훨씬 더 자신감 있는 모
습을 보일 수 있다(물론 관계형 스피치 스타일은 퍼블릭 스피치에서도 필

요하다).

카리스마형·관계형·논리형·감성형의 스피치 스타일을 제외하고 상대방에게 비호감으로 보일 수 있는 기타 유형의 스피치 스타일을 살펴보자. 다음의 유형들은 굿 스피커가 되기 위해 꼭 피해야 할 스피치 스타일이다.

불안형 스피치 스타일

불안형은 스피치를 할 때 몸을 좌우로 흔든다. 그리고 눈을 많이 깜빡이고 고개를 많이 움직인다. 과도한 불안감 때문에 문장의 첫말과 끝말의 조화가 맞지 않고 적확한 단어가 머릿속에 잘 떠오르지 않아, '아…' '그…' '저…' '음…'이라는 사족을 많이 사용한다. 말의 앞뒤가 잘 맞지 않으며 스피치 내용을 잘 모르는 것 같은 느낌을 들게 한다.

이러한 불안형의 경우는 논리와 카리스마 관련 점수가 낮게 나올 가능성이 크다. 반드시 논리와 카리스마를 강화하는 훈련을 해보자.

지나친 신중형 스피치 스타일

스피치를 할 때 지나치게 신중한 스타일이다. 아는 척을 전혀 하지 못하는 유형으로, 자신이 알고 있는 사항만을 말하다 보니 잘 모르는 내용은 전혀 표현하지 못한다. 열에 열을 모두 알고 스피치를 하면 좋겠지만 완벽하게 준비하지 못했다면 본인이 알고 있는 단 하나라도 자신감 있게 표현하는 것이 좋다.

지나친 신중형은 말이 전체적으로 느리고 자신의 메시지에 확신이 없다. 눈에 초점이 없거나 약간 겁먹은 듯한 표정을 짓는다. 자신의 스피치를 신뢰하지 못해 자신감 없는 스피치를 하는 유형이다. 이런 경우는 카리스마와 논리형의 점수가 낮게 나올 가능성이 크다. 스스로 특별하다는 생각으로 이야기를 논리적으로 배열하는 훈련이 필요하다.

어린아이형 스피치 스타일

어린아이가 우는 것처럼 말을 하는 사람들이 있다. "발표를 시작하려고 하는데요."라고 말한다면, 여기서 '데요'를 길게 늘어트리며 말하는 유형이다. 그리고 '~했고' '~했는데'에서 '고' '데'

등의 어미를 올리는 경향이 있다. 전체적으로 우는 듯한 음성이 많으며 말의 속도가 너무 빠르거나 반대로 너무 느린 경우도 있다. 또한 코맹맹이 소리인 비음도 많다.

큰 목소리로 당당하게 말하는 카리스마 유형이 필요하다. 또한 혼자 말하는 스피치가 아닌 사람들과 주고받는 관계형 스피치 스타일을 훈련한다면 지금 본인의 밝은 스피치가 더욱 꽃피울 수 있을 것이다.

무성의형 스피치 스타일

무슨 말이든 무성의하다는 인상을 주며 말하는 사람이 있다. 이런 유형은 목소리가 작고 웅얼거림이 많아 발음이 또렷하지 않다. 또한 말에 강약이 없다. 그래서 도통 무슨 말을 하는지 귀에 쏙 들리지가 않는다.

무성의한 유형의 사람들은 자신도 에너지가 부족해서 그런지 상대방에 대한 관심이 없다. 상대방에게 관심을 가지려면 어느 정도 에너지가 필요한데 그게 귀찮고 힘든 것이다. 말을 하면서도 말하기 싫어 죽겠다는 표정을 짓기 때문에 듣는 사람도 기분이 나빠지고 힘이 빠지는 유형이다.

이러한 유형은 감성형을 훈련하면 감성이 훨씬 더 풍부해질 수 있다. 기본적으로 감정 에너지를 충전해야 방전된 감정 상태에서 헤어나올 수 있을 것이다.

자만형 스피치 스타일

매사 거들먹거리며 자만하는 유형이다. 사람을 볼 때 눈을 보지 않고 머리끝부터 발끝까지 훑는 사람들, 자신이 무슨 대단한 사람인 것처럼 비밀도 많고 솔직하게 털어놓지 않는 사람들이다. 이런 사람들은 상대방을 무시하는 경향이 있어서 기본적으로 스피치에 대한 두려움이 거의 없다. 자신만 특별하다고 생각하는 유형으로 카리스마는 넘치지만 내용에 핵심은 별로 없다.

말을 할 때 몸을 이리저리 건들거리는 경향이 있으며 턱을 들고 있는 자세로 말을 하기도 한다. 비속어나 자신만이 쓰는 말을 하거나, "당신이 그걸 아느냐?"라며 상대방을 무시하는 듯한 태도를 보인다. 자신을 자랑하는 내용이 많으며, 전혀 과학적이지 않은 자신의 통찰을 진리인 듯 표현하는 사람이다. 자신을 자랑하는 내용이 많고 상대방을 가르치려고 한다. 큰 목소리로 상대방을 호통치고 발표 시간을 잘 지키지 않는다.

이런 사람은 카리스마형의 점수는 높지만 감성형과 관계형의 점수가 낮다. 감성형과 관계형을 강화하는 훈련이 필요하다.

소심형 스피치 스타일

소심해서 자신감이 너무 없어 보이는 유형이다. 일단 목소리가 작고 표정에 겁이 많아 보이며 무대공포가 얼굴에 그대로 드러난다. 말끝을 얼버무리며 퍼블릭 스피치에는 좀처럼 도전하지 않으려고 한다. 자신의 말이 어떻게 들릴까 항상 고민하고 자신보다 더 큰 청중이라는 존재에 눌려 자신의 뜻을 피력하지 못하는 유형이다.

그래서 소심형은 말을 하는 것 자체를 좋아하지 않는다. '들어주는 것이 미덕이다.'라고 생각해 좋은 경청자의 역할을 하기도 하지만, 말을 해야 할 때는 해야 하지 않은가?

내가 스피치 아카데미를 10년을 넘게 운영하며 세운 하나의 원칙이 있다. '이 세상에 말을 못 하는 사람은 한 명도 없다.'이다. 스피치 방법을 배우고 철저히 준비하면 누구나 말을 잘할 수 있다. 이것은 명백한 진리다. 말은 듣는 것보다 하는 것이 맛이라고 하지 않은가? 말을 잘하게 되면 스피치가 얼마나 재미있는 활동인지 그 쾌감을 알 수 있을 것이다.

소심형은 논리형과 카리스마형의 점수가 굉장히 낮게 나올 수 있다. 논리와 카리스마 강화 훈련을 통해 퍼블릭 스피치에서 멋지게 말하는 연사로 변신해보자.

약강강약형 스피치 스타일

약한 자에게는 강하고 강한 자에게는 약한 스피치 스타일을 말한다. 자신의 상사에게는 한마디도 못 하면서 부하직원에게는 강압적으로 행동하는 유형으로, 소위 종로에서 뺨 맞고 한강에서 눈흘기는 스타일이다. 자기가 받은 스트레스를 약자에게 푸는, 스트레스 그 자체인 유형의 사람이다.

사실 사회생활을 하다 보면 이런 사람들을 꽤 자주 만난다. 이런 사람들은 강자에게는 한없이 부드럽고 유약하다는 생각이 들 정도로 소심하지만, 약자에게는 거만하고 심드렁한 스피치를 하는 나쁜 유형이다. 사람들과 건강한 관계를 맺는 관계형과 자신 안에 있는 화를 다스릴 수 있는 감성형 스피치 스타일 훈련이 꼭 필요하다.

부정형 스피치 스타일

말을 할 때 매사 부정적이고 퉁명스러운 유형이다. 어떤 말이든 긍정적으로 나오지 않고 항상 불만으로 가득 차 있다는 느낌을 준다. 만약 조직에 이런 사람이 있다면 조직의 분위기가 무겁게 가라앉고 앞으로 나아가질 못할 것이다.

어떤 프로젝트를 해보자고 했을 때 "그게 되겠어? 예전에도 안되었잖아. 그런 거 해보았자 시간 낭비야."라고 말하는 유형이다. 함께 열심히 해보려는 사람들의 에너지마저 뺏는다. 항상 부정적인 단어를 선택하고 비아냥거리는 화법을 구사한다.

이런 사람들은 자신의 마음을 긍정적으로 바꿀 수 있는 감성형 스피치 스타일이 필요하다. 그리고 관계 속에서 성공과 행복을 만들 수 있다는 확신을 주기 위해서 관계형 스피치 스타일의 훈련이 필요하다.

'척'하는 스피치 스타일

항상 무슨 말을 하든 '있는 척' '잘난 척' '아는 척'을 하는 스피치 스타일 유형이다. "내가 말이야, 집에 금송아지가 몇 마리가 있는데…." "내가 못 하는 게 어디 있어? 내가 나서면 못 해낼 일이 없어." "그런 것도 몰라? 아휴, 큰일이다. 그렇게 무식해서 이 세상을 어떻게 사냐." 등으로 매사 '척'을 많이 하는 유형이다.

부자라고 해서 200년 사는 것도 아니고 가난하다고 20년밖에 못 사는 것도 아니다. 아는 게 많다고 오래 살지도 않는다. 세상 아래 한끝 차이인 것을 마치 자기만 갖고 있는 척, 아는 척을 하는 사람들을 보면 한심한 생각이 든다. 이런 유형은 그만큼 사람들에게 공감을 얻지 못할 수밖에 없다.

너무 착한 스피치 스타일

살아가다 보면 마음이 착한 사람들을 많이 만난다. 항상 웃고 긍정적으로 말하는 사람들은 남을 도와주려는 배려가 기본적으로 깔려 있다. 하지만 문제는 본인이 누군가를 도와줄 수 있는 것처럼 상대방도 자신을 언제든 도와줄 것이라 생각하는 데 있다.

사람들은 기본적으로 받는 것은 좋아하지만 주는 것은 싫어한다. 평소 도움을 많이 주던 사람이라도 어느 순간 그 사람이 도와달라고 말하면 주저한다. 이런 경우 너무 착한 유형의 사람들은 마음에 상처를 받을 수 있다. 또한 '저 사람은 왜 이렇게 눈치가 없어? 내가 도와줄 상황이 아닌데 나한테 뭘 원하는 거야?'라는 말을 들으며 눈치 없는 사람이라는 평을 얻을 수 있다.

본인이 너무 착한 형으로 다른 사람을 도와주고 싶다면 받을 생각은 하지 말고 주자. 그것이 마음의 평화를 얻는 방법이다. 카리스마와 논리형 훈련을 하면 감성적인 부분이 조금은 견고해질 수 있다.

과장형 스피치 스타일

항상 과도한 몸짓을 사용해 큰 목소리로 말하는 사람들이 있다. 식당에 함께 있으면 옆자리에 있는 사람들이 "제발 좀 조용히 해주세요."라는 말을 꺼내게 만드는 유형이다. 이렇게 항상 과장되게 말하면 청중과 호흡이 맞지 않아 상대방이 불편해하는 경우가 생긴다.

굉장히 감정적이라 사소한 다툼이 큰 싸움으로 커지는 유형의 사람들로, 작은 일도 이 사람의 입을 거쳐 몇십 배 크게 부풀어질 수 있다. 감성형이 강한 스타일로, 감정이 아닌 논리에 집중하는 훈련을 하면 흥분된 마음을 가라앉힐 수 있다.

끼리끼리 모인다는 유유상종_{類類相從}이라는 말이 있지 않은가? 비슷한 유형의 사람들과 더 많이 만나고 가까워지는 경우를 종종 볼 수 있다. 부정적인 태도가 강한 스피치 스타일을 갖고 있는 분을 일대일로 지도한 적이 있었다. 자기 안에 깊숙이 자리하고 있는 분노와 화에 대한 이야기를 하고 부정적인 마음을 긍정적인 마음으로 바꾸는 교육을 했다. 그랬더니 "제가 친구들에게 긍정적으로 말하면 다들 저를 이상한 눈으로 볼 거예요. 많이 어색할 수 있을 것 같습니다."라고 말을 하는 것이 아닌가.

친구는 내 인생이 아니다. 내 인생을 사는 사람은 나다. 친구와 절교할 것이 아니라면 그 친구마저도 긍정적인 사람으로 변화할 수 있도록 시도하는 것이 현명하다. 비호감으로 보일 수 있는 위의 11가지 스피치 스타일에서 벗어나 자신감 있고 호감 가는 스피치 스타일로 거듭나보자.

"지금 나의 스피치 스타일은 호감인가? 비호감인가?"

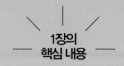

1. 스피치 스타일이란?

   스피치 스타일이란 말하는 표현 방법에서 개인마다 드러나는 유형

   을 말한다.

2. 스피치 스타일의 4가지 유형

   ① 카리스마형

   ② 관계형

   ③ 논리형

   ④ 감성형

회사 내 프레젠테이션이나 보고, 강연, 면접 등의 퍼블릭 스피치에서는

카리스마형(①)과 논리형(③)이 좀더 필요하다. 반면 대화 등의 일상적

스피치를 할 때는 관계형(②)과 감성형(④)이 많으면 상대방과 더욱 공감

할 수 있다.

3. 사람들이 싫어하는 비호감 스피치 스타일 11

　① 불안형

　② 지나친 신중형

　③ 어린아이형

　④ 무성의형

　⑤ 자만형

　⑥ 소심형

　⑦ 약강강약형

　⑧ 부정형

　⑨ '척'하는 형

　⑩ 너무 착한 형

　⑪ 과장형

비호감 스피치 스타일로는 사람들과 행복한 관계를 맺을 수 없다. 현재
자신의 스피치 스타일이 호감인지 비호감인지 생각해보자.

'저 사람은 참 강해. 저 자신감은 어디서 나오는 걸까?' 사회생활을 하다 보면 카리스마형 리더를 자주 볼 수 있다. 자신감이 넘치다 못해 너무 강해서 위압감을 주는 경우도 있지만, 회사가 위기에 빠졌다거나 신속하게 의사결정을 내려야 할 때는 이러한 카리스마형 리더가 필요하다. 카리스마형 스피치 스타일의 사람들은 기본적으로 능력 있는 사람일 가능성이 크다. 각자 자신이 속한 분야에서 전문가, 즉 능력이 있는 사람이기 때문에 그 능력이 카리스마로 발현되는 것이다. 하지만 '친밀감'이 부족해 만인에게 사랑을 받기는 어려울 수 있다.

2장

카리스마형 스피치 스타일

카리스마형 스피치 스타일 체크리스트

퍼블릭 스피치에 강점을 보이는 카리스마형 스피치 스타일의 사람들은
리더가 기본적으로 갖춰야 할 신뢰성 있는 말하기를 한다.

카리스마형 스피치 스타일은 말 그대로 카리스마가 넘치는 유
형이다. 목소리에 힘이 있고 자신감 있게 말한다. 자신을 굉장히
특별하다고 생각하기 때문에 다른 사람들을 내려다보듯이 말하
기도 한다. 사람들 앞에서 말할 때 소리를 크게 내고 자신의 말을
따르지 않으면 화를 내는 유형이다. 말도 많지만 꾸중과 잔소리도
많은 스타일이다.

이렇게만 보면 카리스마형이 굉장히 나쁘게 보일 수 있는데,
사실 꼭 그렇지만은 않다. 리더라면 기본적으로 카리스마가 있어
야 한다. 부하직원들을 이끌 수 있는 강력한 힘이 없으면 배가 산

으로 갈 수 있기 때문이다. 또한 누군가를 혼낼 수 있는 것, 누군가에게 강압적으로 말할 수 있다는 것 자체가 사실은 그 내용에 대해 확신한다는 반증이라고 볼 수도 있다.

그래서 카리스마형인 사람들은 기본적으로 자기 분야에 자신감이 있고, 잘 알고 있기 때문에 명확하고 강하게 말하는 것이다. 그런데 만약 누군가가 공개적으로 자신을 과소평가하는 말을 하면 화를 참지 못해 상대방을 호통치는 경우가 있다. 자신의 의견에 반하거나 자신을 공개적으로 망신을 주는 사람들을 용서하지 않는다.

이런 유형은 대개 퍼블릭 스피치를 굉장히 잘한다. 하지만 어투가 강압적으로 느껴지는 만큼, 사람들과 대화를 할 때는 제대로 소통이 안 된다고 느껴져 비호감으로 보일 수 있다.

여러분의 카리스마형 스피치 스타일 점수는 얼마나 되는지 다음의 항목을 통해 진단해보자.

[카리스마형 스피치 스타일 진단]

다음의 항목에 '그렇다' 또는 '아니다'로 답하시오.

1. 모임에서 자기 말만 계속하는 사람들을 보면 이해할 수 없다.

2. 말로 상대방을 설득하는 것이 흥미롭다고 생각한다.

3. 말은 듣는 것보다 하는 것이 더 재미있다고 생각한다.

4. 이치에 맞지 않는 말을 하는 사람을 보면 화가 날 때가 있다.

5. '~해라.' '~해야 한다.' 등의 의사결정을 돕는 화법을 자주 사용한다.

6. 말을 할 때 목소리가 다른 사람들에 비해 큰 편이다.

7. 일대일 대화보다는 퍼블릭 스피치가 더 편하다.

8. 사람들에게 말투가 세다는 말을 자주 듣는다.

9. 아무리 대하기가 어려운 사람 앞에서도 말할 때는 별로 떨리지 않는다.

10. 말을 할 때 제스처가 큰 편이다.

: 결과 :

• '그렇다'가 9개 이상: 완벽한 카리스마형이지만 다른 스피치 스타일과의 균형도 필요함

• '그렇다'가 6개 이상: 카리스마형에 속하며 다른 스피치 스타일과의 균형을 이루는 것이 좋음

• '그렇다'가 3개 이상: 퍼블릭 스피치에 두려움을 가지고 있으므로 카리스마형으로 스피치 보완이 필요함

• '그렇다'가 3개 미만: 퍼블릭 스피치에 심한 공포가 있으므로

카리스마형으로 스피치를 반드시 보완할 필요가 있음

자, 여러분은 몇 개의 항목에서 '그렇다'라고 답했는가? 만약 '그렇다'가 6개 이상 나왔다면 카리스마형 스피치 스타일을 가졌을 가능성이 크다. 기본적으로 상대방을 설득할 힘이 있고 말하기에 자신 있는 사람이다. 하지만 자기주장이 강하기 때문에 상대방과 협의하거나 토의하는 것을 별로 좋아하지 않고, 자신이 하는 말에 토를 달면 크게 화를 낼 수 있다. 앞에 나서 발표를 하는 것에 별로 두려움이 없고 항상 자신감이 넘치는 사람이다.

반대로 '그렇다'가 3개 미만이라면 카리스마형의 기술이 부족해 퍼블릭 스피치를 할 때 무대공포를 느끼는 경우가 많을 것이다. '혹시 내가 목소리를 크게 하면 상대방이 싫어하지 않을까?' '내 주장을 강하게 어필해도 되는 것일까?'라고 생각하며 항상 조심스러워하고 두려움이 많은 사람일 가능성이 크다.

카리스마형의 점수가 많이 나온다고 해서 꼭 나쁜 것만은 아니다. 이후에 다룰 관계형이나 논리형, 감성형 스피치 스타일의 점수도 골고루 나온다면 스몰토크에도 강하고 퍼블릭 스피치에도 뛰어

난, 이른바 문무文武를 겸비한 훌륭한 스피커일 가능성이 크기 때문이다. 하지만 카리스마형 점수는 높고 관계형 점수는 굉장히 낮게 나온다면 지나치게 강압적으로 말하는 연사가 될 가능성이 크기 때문에, 관계형을 강화하는 것에 집중해 훈련해야 한다. 반대로 카리스마형의 점수가 너무 낮게 나왔다면 반드시 퍼블릭 스피치에서 자신감 있게 상대방을 이끌 수 있는 카리스마형 스피치 훈련이 필요하다.

"내 안에 카리스마가 얼마나 있는지 진단을 통해 직접 확인해보자."

카리스마형 스피치 스타일의 특징

자신감 있게 상대방을 리드하는 카리스마형 스피치 스타일에는
몇 가지 중요한 특징이 있다.

카리스마형 스피치 스타일의 사람들을 보면 정말 힘이 넘친다.
또한 항상 자기중심이 흔들리지 않으며 자신 있고 당당하다. 그
래서 이들을 앞에 대통령이 있어도 별로 떨지 않는 사람들이라고
하기도 한다.

이전의 카리스마형 스피치 스타일 체크리스트에서 '그렇다'가
6개 이상 나온 사람이라면 다음에 언급될 카리스마형 스피치 스
타일의 특징들을 갖추고 있을 가능성이 크다.

이제 카리스마 있게 말하는 사람들의 특징에 대해 조금 더 자
세히 살펴보자.

상대방을 설득하는 힘이 있다

카리스마 있게 말하는 사람들은 설득력이 있다. 왜냐하면 기본적으로 능력이 있는 만큼 좋은 아이디어들도 많이 내놓기 때문이다. 좋은 아이디어로 확실한 메시지를 전달하기 때문에 말하기 능력이 탁월하다는 느낌이 든다. 말할 주제에 대해 잘 알고 있다는 생각이 들게 하고, 누구나 다 아는 내용이 아닌 통찰력 있는 말을 자주 해서 주위 사람들을 종종 놀라게 한다.

말의 내용에 확신이 있기 때문에 '~인 것 같다.' '~일 것 같다.' '~일지도 모른다.' 등의 추측성 발언을 거의 하지 않고, 단호하게 '~다'. '~을 꼭 해야 한다.' '~이 정답이다.'라고 말한다.

사람들은 모호한 내용에는 움직이지 않는다. 누군가 확신을 갖고 말한다면 '그 말이 맞겠지.'라고 생각하고 따르는 것이다.

양방향보다는 일방향 커뮤니케이션을 선호한다

카리스마형 스피치 스타일에 아쉬운 점은 일방향 커뮤니케이션을 할 가능성이 크다는 것이다. 상대방과 양방향으로 소통하기보다는 일방적으로 혼자 말한다는 느낌을 줄 수 있는데, 그 이유는 자신만 특별하다고 생각하기 때문이다. 자신만이 정답을 알고 있으니 다른 사람의 말은 잡음이라고 생각하는 것이다.

또한 카리스마형 스피치 스타일은 말하는 것을 좋아해 혼자서 말을 독식하는 경우도 많다. 한 번 마이크를 들면 다른 사람에게 넘겨주지 않는다.

사실 카리스마형 스피치 스타일의 가장 큰 맹점은 바로 자신이 하고 싶은 말만 한다는 것이다. 즉 연사가 하고 싶은 말만 하고 청중이 듣고 싶어하는 이야기는 하지 않다 보니, 이 둘 사이가 단절된 느낌을 줄 수 있다. 만약 여러분이 카리스마형 점수가 높게 나왔다면 이제는 자신이 하고자 하는 말이 아니라 상대방이 원하는 말이 무엇인지 꼭 살펴야 한다.

자신을 무시하면 상사라도 용서하지 않는다

쇼핑호스트 시절에 직원들이 다 보는 앞에서 상무급인 본부장과 팀장이 서로 언성을 높이며 말싸움하는 것을 목격한 적이 있다. '어떻게 상사와 싸우지?' '어떻게 상사는 다른 사람들이 다 있는 곳에서 부하직원에게 크게 소리를 지르지?' 하며 속으로 놀랐었는데, 지금 생각해보니 이 두 사람은 모두 카리스마형 스피치 스타일을 가장 많이 구사하는 사람들이었던 것 같다.

본부장은 지상파 방송국 프로듀서 출신으로 굉장히 능력 있고 권위적인 사람이었다. 그런 본부장에게 유일하게 대적한 사람이 그 팀장이었는데, 둘 다 카리스마형 스피치 스타일을 갖고 있다 보니 자주 부딪쳤던 것 같다.

보통 카리스마형 스피치 스타일의 사람들은 자신의 능력에 대한 평가절하나 자신을 무시하는 것을 참지 못한다. 만약 카리스마형 스피치 스타일의 사람을 만난다면, 웬만하면 사람들이 있는 곳에서는 그 사람의 능력을 비하하는 발언을 삼가야 한다. 공식적인 자리에서 그 사람의 자존심을 상하게 해서 여러분이 얻을 수 있는 이득은 없다.

목소리가 굉장히 크거나, 반대로 굉장히 작다

카리스마형의 사람들은 목소리가 굉장히 크거나 반대로 굉장히 작다. 자신이 확신하는 내용에서는 마치 '진격의 거인'처럼 큰 목소리로 말하지만, 모기 소리처럼 작게 말하는 경우도 있다. 아무리 작게 말해도 부하직원이 다 알아듣기 때문이다.

많은 회사의 임원이나 경영인들은 카리스마형 스피치 스타일에 속하는데, 이분들을 코칭하다 보면 생각보다 목소리가 작아 놀랄 때가 많다. 크게 소리를 내지 않아도 직원들이 다 알아들으니 자리가 높아질수록 오히려 목소리가 작아진다는 말도 있다.

대표적인 카리스마형 스피커로는 아돌프 히틀러나 스티브 잡스가 있다. 히틀러의 뉘른베르크 전당대회 연설 영상을 보면 큰 목소리로 분위기를 압도하는 모습을 볼 수 있는데, 이것이 바로 전형적인 카리스마 스피커의 모습이다. 반면 스티브 잡스는 조곤조곤 청중과 말을 주고받는 관계형 스피치 스타일이라고 생각할 수도 있으나, 그의 프레젠테이션을 보면 마치 하나의 쇼를 진행하는 것 같은 카리스마 있는 모습을 보여준다.

말할 때 시간을 잘 지키지 않는다

카리스마형 스피치 스타일은 스피치에 몰입하면 시간 가는 줄 모르고 혼자 계속 말하는 경우가 많다. 한 조찬모임에서 신입회원인 모 회사의 대표가 다들 빨리 출근해야 하는 상황에서도 10분 넘게 자기소개를 한 적이 있었다. 자신은 흥에 겨워 굉장히 재미있게 말한다고 생각했을지 모르지만, 청중들은 계속 시계를 보며 못마땅한 표정을 지었다.

학생 시절 한여름 땡볕이 내리쬐는 운동장에서 조회를 할 때 "에… 마지막으로…." 하면서 절대 말을 끝내지 않았던 교장 선생님의 훈화를 기억하는가? 바로 카리스마형 스피치 스타일을 가진 사람이 한 잘못된 스피치의 전형적인 예라고 할 수 있다.

칭찬을 좋아한다

기본적으로 카리스마형 스피치 스타일의 사람들은 칭찬을 굉장히 좋아한다. 칭찬이야말로 자신의 능력을 인정해주는 것이라 생각하기 때문이다.

우연히 남성들만 자리한 회식에 참석한 적이 있다. 한 상사가 "내가 왕년에 말이야…." "내가 없었으면 지금 우리 회사도 없어."라며 자신의 공을 반복해서 말하는 것이 아닌가? 이런 카리스마형 스피치 스타일의 상사에게는 칭찬이 묘약인데, 신기하게도 칭찬해주는 부하직원이 단 한 명도 없었다.

나중에 칭찬을 왜 안 해주었는지 물었더니 칭찬해주면 더 해서 안 했다고 말하는 것이 아닌가. 그러나 칭찬에 굶주린 카리스마형 리더에게는 무조건 흡족하게끔, 배부르게끔 칭찬을 해주는 것이 오히려 더이상 말을 하지 않게 만드는 좋은 방법이다.

이렇게 보면 카리스마형 스피치 스타일은 좋은 점보다 나쁜 점이 더 많다고 생각할 수 있다. 요즘처럼 소통이 강조되는 때에 지나치게 권위적인 모습은 오히려 소통에 어려울 수 있어 너무 강하게 표현하면 안 되는 스피치 스타일이기도 하다.

하지만 무언가 결정을 내리지 못해 불안할 때, 위기에서 벗어나기 위해 누군가의 확신이 필요한 상황에서는 카리스마형 스피치 스타일을 구현하는 리더도 필요하다. 가장 이상적인 모습은 힘 있는 카리스마형과 사람들과 두루 관계를 맺는 관계형의 모습을 조화롭게 갖추는 일일 것이다.

"카리스마가 있는 사람들은 자신만이 특별하다고 생각한다."

카리스마형 스피치 스타일을
강화하는 방법

카리스마형 스피치 스타일을 통해 무대 위에서도 당당하고 자신 있는
스스로의 모습을 발견해보자.

　　카리스마형 점수가 너무 낮게 나온 사람이라면 카리스마를 강화하는 훈련이 필요하다. 앞에 나와서 말할 때는 없어도 있는 척, 몰라도 아는 척하는 능력이 약간은 필요한데 자신감과 자존감이 낮다 보니 사람들 앞에 서면 한없이 작아져버리기 때문이다.

　　모 신문사 사장의 스피치를 지도했던 때가 기억난다. 30년간 기자 생활을 거쳐 신문사 사장이 되었지만, 사람들 앞에서 말하는 것에 자신이 없어 신입사원들 앞에서 망신을 당해 나를 찾아왔다.

　　스피치는 하나의 쇼다. 영화배우들이 가만히 있다가도 카메라만 돌아가면 눈빛이 달라지는 것처럼 스피치도 마찬가지다. 앉아

서 사람들과 대화할 때는 부드러운 모습이 필요하지만 앞에 나가서 말할 때는 카리스마 있는 당당한 모습이 필요하다.

사람들은 퍼블릭 스피치를 할 때에도 자신의 약한 모습을 그대로 무대에서 표현하는 경우가 많다. 하지만 이제는 카리스마를 갖춰 무대 위에서도 당당하고 자신 있게 스피치를 즐기자. 카리스마형 스피치 스타일을 강화하는 방법은 다음과 같다.

잘 알고 있는 주제를 선택하자

스피치의 주제를 선정할 때 자신이 잘 알고 있는 것을 선택해야 카리스마 있게 말할 수 있다. 카리스마는 '전문성'과 '정보'에서 나오기 때문이다. 책을 통한 간접 경험이든, 몸으로 한 직접 경험이든 자신이 잘 알고 있는 내용에 맞는 주제를 선택한다.

예를 들어 어떤 대기업의 임원이 20~30대를 대상으로 '대기업에 취업하는 법'에 대한 강의를 하게 되었다면, 이때 취업 컨설턴트들이 일반적으로 하는 내용을 따로 공부하기보다는 본인의 실제 구직 경험을 준비하면 된다. 또는 '내가 기업에 입사해보니 조직이 좋아하는 인재는 이런 인재다.'라는 식의 이야기도 매우 유용하다. 어느 모임에 갔다가 즉흥적으로 스피치를 하게 될 때도 마찬가지다. 자신이 요즘 읽었던 책이나 오늘 읽은 신문 내용을 말해도 좋다.

만약 이런 내용이 없다면 요즘 경험했던 것 중 기억나는 것을 자연스럽게 말해도 된다. 만약 아무것도 생각나지 않는다면 현장에 와서 느낀 점을 말해도 좋다. 자신이 잘 알고 있으며 현재 머릿속에 있는 내용을 찾아 말하자. 괜히 자기 머릿속이나 마음에도 없는 소재를 꺼내려다 백전백패할 수 있기 때문이다.

MBC 〈언니가 돌아왔다〉라는 프로그램에서 주부들의 재취업을 돕기 위해 '세련된 직장 여성의 보이스 스타일'이라는 주제로 방송을 한 적이 있었다. 시청률이 괜찮았던지 다음 주에 또 나와 달라는 제의를 받았다. 다음 주의 주제는 '고객 불만 관리'였는데, 내 대답은 "NO!"였다. 내가 전문성을 갖고 말할 수 있는 주제가 아니었기 때문이다.

상대방을 너무 배려하지 말자

상대방을 배려하면 청자도 본인을 존중해줄 것이라 생각하는 사람이 있다. 하지만 앞에 나가서 말하는 사람은 리더다. 리더는 기본적으로 사람을 이끄는 강력한 힘이 있어야 한다. 배려하고 소통하는 모습만 보인다고 해서 청중이 따라오는 것은 아니다.

퍼블릭 스피치는 설명을 통해 청중을 설득해야 한다. 리더의 강력한 힘은 설득을 할 때는 발휘된다. 사회생활을 하다 보면 카리스마 있는 리더의 빠른 의사결정으로 일에 가속도가 붙는 경우를 종종 볼 수 있다. 물론 상대방을 배려하는 리더가 소통형 리더가 될 가능성이 크지만 해야 할 일을 확실히 알려주는 리더의 모습도 필요하다.

배려는 '기술'에서 나오는 것이 아니라 '마음'에서 나온다. 상대방을 배려한다고 해서 목소리나 스피치 기술까지 부드러울 필요는 없다. 오히려 상대방을 배려하는 진심 어린 마음이 강한 어조나 결단력 있는 주장으로 나올 수 있다. 배려해야 할 때와 강하게 말할 때의 차이를 아는 것이 중요하다.

소재는 충분히 준비하자

자신이 말해야 할 기본 내용도 갖추지 못한 채 막연하게 스피치에 대해 두려움을 가지면 자연스럽게 카리스마도 약해진다. 요리할 때 기본 재료가 필요한 것처럼 말을 할 때도 말을 채워줄 기본적인 소재가 필요하다.

만약 '사랑'이라는 주제로 말을 하게 된다면 "사랑은 누군가를 귀중히 여기는 마음입니다."라고 정의만 말하는 것에서 그치지 않고, 일화를 곁들여 말하면 훨씬 더 재미있고 자신감 있는 모습도 보일 수 있다. 이때 경험성 일화를 활용할 수 있다. 누군가를 사랑했던 경험, 사랑하면서 가장 좋았던 점 3가지, 주위 사람의 경험 등으로 이야기를 확장하면 상대방을 설득하기가 수월해질 수 있다.

새로 출시하는 제품을 소개해야 한다고 가정해보자. 제품의 기본 정보만 단편적으로 말하기보다는 제품이 나오게 된 배경, 내부 평가 등 제품과 관련된 일화를 모아 활용하면 좋다. 말할 거리가 많아야 말을 잘할 수 있다.

블랙 스피치를 이용하자

카리스마가 부족한 사람들 중에는 지나치게 감성적인 경우가 많다. 감성이 풍부하다 보니 마음도 약해 청중의 반응에 따라 일희일비하는 것이다. 세상 사람들이 모두 다 중요하다고 생각하는 소통과 공감, 경청, 칭찬도 물론 중요하지만, 이게 너무 지나쳐 자기 중심을 잃어버리는 사람들이 있다면 그것은 절대 옳지 않다는 것이다.

나는 카리스마형 스피치가 부족한 사람들에게 '블랙 스피치black speech'라는 것을 가르친다. 블랙 스피치는 내가 연구해 규정한 개념으로 일명 '나쁜 스피치'를 말한다. 블랙 스피지는 상대방이 화가 나게 일부러 조롱하거나 극단적인 말을 하고, 이런 것도 이해가 안 되냐며 상대방을 자극하는 것이다.

살다 보면 사람들과 논쟁에 빠지는 경우가 종종 있다. 예를 들어 회사에서 어떤 사업을 꼭 추진하고 싶은데 동료는 다른 사업을 추진하자고 한다. 이런 경우 '왜 이 사업을 추진해야 하는지'에 대한 논쟁을 통해 본인이 원하는 결과를 얻어야 한다. 또한 매번 모임을 취소하는 친구에게 참석을 요구하는 것도 논쟁을 통해 얻어내야 할 때가 있다. 이렇게 논쟁을 할 때 선한 스피치인 '화이트 스피치'를 하는 것도 좋지만, 블랙 스피치를 하는 것이 더 효과적일 수 있다.

착한 마음으로 상대방을 독려하는 것도 중요하다. 하지만 어떤 경우에는 상대방이 하는 말에 모순을 찾아내거나, 훨씬 더 많은 정보로 상대방을 설득하거나, 경우에 따라서는 비난과 협박을 해야 하는 순간도 있다. 물론 최고의 방법은 아니다. 이런 블랙 스피치를 하지 않을 수 있는 환경이 항상 조성되면 좋겠지만 마냥 부드럽게 말하는 방법만이 최선은 아니다.

설명 대신 설득하자

　설명은 어떤 일이나 대상의 내용을 상대방이 잘 알 수 있도록 밝혀 말하는 것을 의미하고, 설득은 상대편이 내 편의 이야기를 따르도록 여러 가지로 깨우쳐 말하는 것을 뜻한다.

　설명과 설득은 '잘 알게 하는 것이냐?'와 '깨우치게 말하는 것이냐?'에 따라 다르다. 비슷한 의미인 것 같지만 이 2가지를 나누는 기준은 바로 '열정'이다. 설명은 단순히 알게 하는 것이지만, 설득은 알게 한 다음 마음속으로 깨우치게 하며, 그 이후 행동으로 옮기게끔 하는 데 그 목적이 있다. 상대방이 자기 말을 듣고 행동으로 옮길 수 있도록 하기 위해서는 많은 열정이 스피치에 녹아들어야 한다. 마치 물건을 하나라도 팔기 위해 애쓰는 쇼핑호스트처럼 열정을 담아 말해야 한다. 확신을 가지고 말하면 카리스마가 상대방에게 전달될 것이다.

　그럼 여러분은 이렇게 말할지 모른다. "저도 프레젠테이션에 열정을 담고 싶지만 잘 안 돼요." 이런 경우에 이유는 단 하나다. 프레젠테이션의 내용과 표현은 다르다는 것을 인식하지 못했기 때문이다. 프레젠테이션에는 '2015년 매출 전략'이라고 내용을 기술해도 "2015년에는 열심히 하겠습니다."라고 표현해야 한다는 것을 잊지 말아야 한다(정말 중요하니 꼭 기억했으면 좋겠다).

최적의 원고로 연습하자

큰 목소리로 외치는 훈련을 하면 목소리와 말 안에 힘이 생긴다. 카리스마가 부족한 스피치 스타일을 갖고 있는 이들은 자신이 갖고 있는 화나 분노를 밖으로 표현해보지 않은 사람들이 많다.

자신의 솔직한 감정을 버리고 다정다감하며 배려 넘치고 웃음 가득한 감정만 보인다고 해서 다른 사람과의 소통이 깊어지는 것은 아니다. 오히려 자신의 부정적인 감정을 솔직하게 드러내는 것이 건강한 관계를 만드는 지름길이 된다.

자, 다음의 문장을 큰 소리로 읽어보자. 그럼 속이 후련해지는 것을 느낄 수 있을 것이다. 요즘 자기를 화나게 하는 사람을 떠올리며 그 사람에게 말한다고 생각해도 좋다.

: 연극 〈오셀로〉의 독백 :

도무지 참을 수 없군, 내 혈기가 냉정한 이성을 채찍질하는 걸.
분노가 판단을 흐리게 하고, 앞질러 가려고 하는군.
내가 한 발 내딛기만 하면, 아니, 이 팔을 올리기만 해봐라. 어떤 놈이든 단칼에 요절이 나고 말 테니. 도대체 이 싸움이 왜 일어났느냐 말이다.
누가 시작했어? 싸움을 건 놈이 설사 내 쌍둥이라도 용서 못 해.

이게 무슨 수치인가? 전쟁의 공포가 가시지 않은 이곳에서 아직도 민심이 어수선해 전전긍긍하는 이 판국에, 치안을 맡아보는 초소에서 한편끼리 사사로운 일로 싸움을 하다니. 될 법한 소리인가? 이 무슨 해괴망측한 일인가?

이아고! 누가 먼저 싸움을 걸었나? 대체 어떻게 해서 이따위 싸움이 일어났느냐 말이야!

퍼블릭 스피치에서 자신감 있고 카리스마 있게 말하고 싶다면 리허설을 할 때 본인이 낼 수 있는 가장 큰 목소리로 연습하라. 허공에 소리를 지른다는 느낌도 좋다. 자기 안에 소리 에너지가 모두 방전된다는 느낌이 들 정도로 크게 질러야 한다. 한 가지 조언을 더 하자면 단어 자체가 갖고 있는 감정에 굉장히 깊게 몰입해서 말하면 전달력이 더 좋아질 수 있다. 단어 자체의 감정에 더욱 몰입해 크게 소리를 내보자.

리허설시 반말로 스피치를 해보자

발표할 내용을 최종적으로 정리한 다음 마지막 리허설을 할 때 반말로 프레젠테이션을 해보는 것도 카리스마를 강화하는 데 도움이 된다. "안녕하세요. 지금부터 라온생명 건물 리모델링에 관한 발표를 시작하겠습니다. 먼저 목차입니다." 이렇게 말을 해야 한다면 반말로 "안녕! 지금부터 내가 발표하려고 해. 이번에 라온생명 건물을 리모델링할 계획이지? 잘하는 곳이 공사를 해야 건물 수명이 100년, 200년, 또는 그 이상으로 오래 가겠지? 우리는 이번 공사를 정말 열심히 할 거야. 우리한테 안 맡기면 라온생명이 손해야." 이런 식으로 프레젠테이션을 처음부터 끝까지 해보는 것이다. 처음 할 때는 어색하고 웃음도 나오겠지만 카리스마 있는 스피치에는 큰 도움이 될 것이다. 한번 꼭 해보자.

나의 수업을 들으러 오는 분들의 90% 이상은 카리스마가 부족한 사람들이다. 그냥 조용히 본인의 할 일을 하면서 살아왔지만, 직급이 올라가면서 대중 앞에 설 기회가 많아져 자신의 내향적이고 자신감 없는 모습이 문제가 되니 스피치 아카데미를 찾게 된 것이다.

모 건설회사 팀장의 프레젠테이션을 지도했을 때의 일이다. 그는 자신이 수천억 원짜리 프로젝트를 책임져야 하는데, 그 자체에 자신없는 것이 아니라 그것을 상사에게 보고하는 것이 곤혹이라

나를 찾아왔다고 말했다.

그가 프레젠테이션하는 모습을 동영상으로 촬영해보았다. 마치 누군가 살짝 건드려도 눈물을 쏟을 정도로 겁에 질린 눈을 하고 언제 웃었는지 모를 정도로 굳은 얼굴, 점점 기어들어가는 목소리로 말하고 있는 것이 아닌가. 이렇게 카리스마 없는 모습을 보이면 상사들은 '자신감 없는 당신에게 이 프로젝트를 맡길 수 없다.'라고 생각할 것이다.

이제 카리스마형 스피치 스타일 훈련을 통해 세상에 당당히 자기 목소리를 표현해보자. 무대에서 스피치를 할 때는 평소 본인이 갖고 있는 에너지의 3배는 넘게 표현해야 남을 설득할 수 있다는 사실을 명심하자.

"퍼블릭 스피치를 잘하고 싶은가? 그럼 카리스마부터 갖춰라."

카리스마형 스피치를 다른 말로 하면 "I'm special!"로,

사람들을 설득하는 힘이 있습니다.

퍼블릭 스피치에 굉장히 적합하지요.

자신이 말하는 주제에 대해 잘 알고 있고

통찰력 있는 이야기를 합니다.

카리스마형 스피치 스타일의
단점을 보완하는 방법

청자와 소통하는 스피치를 위해 때로는 카리스마형 스피치 스타일을
조금은 부드럽게 바꿔줄 필요가 있다.

카리스마를 만들어야 하는 사람이 있으면 반대로 카리스마가
너무 강해 스피치 스타일을 부드럽게 바꿔야 하는 사람도 있다.
카리스마형 스피치 스타일이 퍼블릭 스피치에서 자신감 있게 보
인다는 장점이 있는 반면, 대화할 때 '소통이 안 되는 사람'처럼
보일 수 있다는 단점이 있다. 리더다운 강한 모습이 오히려 대화
를 할 때는 독불장군처럼 보일 수 있는 것이다.

모 협회 회장에 출마하는 대표이사가 스피치 아카데미를 찾아
왔다. 굉장히 카리스마 있고 자신감 있는 리더였는데, 오히려 이
런 모습이 선거에서는 불리하게 작용해 자신의 스피치 스타일을

부드럽게 바꾸고 싶어했다. 회의를 할 때 회의 내용에 상관없는 말을 하는 사람들을 보면 화가 나 "지금 그 말이 이 안건과 무슨 관련이 있는 거죠? 회의를 하면 기본적으로 준비해와야 하는 것 아닙니까? 지금 생각이 있는 겁니까, 없는 겁니까?"라고 강하게 말하게 된다고 했다. 그럼 그 순간 회의 분위기는 경직되고, 뒤에서는 직원들이 "우리 이사, 너무하지 않아?"라고 수군거리더라는 것이다.

"강하면 부러진다."라는 말이 있다. 대화에서 카리스마 있는 모습을 보이면 상대방은 소통이 안 되는 것처럼 느낄 수 있다. 카리스마가 강한 사람은 관계형 스피치 스타일 훈련이 필요하다. 관계형 스피치 스타일은 카리스마형 스피치 스타일의 반대 개념으로, 말 그대로 청중과의 관계를 중요시하는 스타일이다.

연애를 잘하는 남성들에게는 2가지 특징이 있다. 첫 번째 특징은 단독적으로 무언가를 정하지 않는다. 연애고수인 남성들은 상대방이 무엇을 원하는지 질문을 통해 알아낸다. "오늘 저녁 뭐 먹고 싶어?" "요즘 이 영화가 재미있다고 하던데 오늘 보는 게 어때?" 만약 상대방이 본인이 권한 영화가 아닌 다른 영화를 보고 싶다면 "맞아, 그 영화 좀 지루하다는 평도 있더라. 그래, 자기가 원하는 영화로 보자."라고 말을 금방 바꾼다.

또 하나의 특징은 바로 상대방을 잘 안다는 것이다. 이를 스피치에서는 '청중 분석'이라고 한다. 청중의 성별, 연령, 인원, 관심사, 지식수준에 따라 그에 맞는 다양한 일화를 준비하는 것이다.

관계형은 혼자 단독적으로 무언가를 정하는 카리스마 있는 모습이 아니라 질문과 청중 분석을 통해 상대방과 관계를 맺으며 함께 말하는 유형이다. 카리스마 유형이 강한 사람들은 관계형의 스피치 스타일을 구사하면 훨씬 더 부드러운 모습을 보여줄 수 있다.

청중을 향해 미소를 보내자

카리스마 있게 말하는 사람들은 미소를 짓지 않고 마치 화난 듯한 표정을 짓는 경우가 많은데, 이때 살짝 미소를 지으면 한결 부드럽게 보일 수 있다. "미소는 입을 구부릴 뿐이지만 많은 것을 펴준다."라는 말처럼 사람의 마음을 마치 다림질하듯 펴줄 수 있는 것은 미소뿐이다.

그런데 평소 웃지 않는 사람이 갑자기 웃으려고 하면 입꼬리가 경련이 일어나듯 떨린다. 평상시에는 전혀 웃지 않으면서 "발표할 때만 웃으면 됩니다."라고 말하는 사람들도 있다. 두려움이 없는 평소에도 잘 웃지 못하는데 무대라는 공포스러운 공간에서 청중을 향해 자연스럽게 웃을 수 있을까? 그러니 '웃음 근육'을 이용하면 된다. 이 근육을 평소에 스트레칭을 해놓으면 무대 위에서 웃을 수 있다.

1988년 미국의 맨하임대학교 교수인 프리츠 슈트라크Fritz Srtrack와 레너드 마틴Leonard Martin, 자비네 스테퍼Sabine Stepper가 '안면 피드백 가설facial feedback hypothesis'이라는 흥미로운 실험을 했다. 사람들을 두 그룹으로 나눠 첫 번째 그룹은 펜을 코와 윗입술 사이에 물게 하고, 두 번째 그룹은 펜을 위아래 어금니 사이에 물게 했다. 이 상태에서 두 그룹에게 똑같은 만화를 보여주며 "만화가 재미있습니까?"라고 질문했다. 그랬더니 흥미롭게도 펜을 치아로 문 두 번째 그룹이 훨씬 더 재미있다고 답변했다.

펜을 코와 입술 사이에 물게 한 그룹은 자연스럽게 찡그린 인상이 되었고, 반대로 펜을 치아로 문 그룹은 웃는 인상이 되었다. 그래서 전자는 부정적인 감정이, 후자는 긍정적인 감정을 느꼈던 것이다. 펜을 치아로 문 것만으로도 양쪽 입꼬리가 올라가 웃는 인상이 되었고, 이런 억지웃음이라도 감정에 영향을 끼친다는 놀라움을 준 실험이었다.

"웃으면 행복해진다."라는 말이 있다. 카리스마형 스피치 스타일을 부드럽게 바꾸고 싶다면 웃자. 웃고 또 웃으라. 상대방뿐만 아니라 여러분 자신도 행복해질 것이다.

생각의 차이를 인정하고 상대방을 무시하지 말자

우리는 종종 "나는 그 사람을 이해할 수 없어. 아무리 이해하려고 해도 이해가 되지 않아."라고 말할 때가 있다. 그렇다. 우리는 그 사람이 되지 않고서는 그 사람을 제대로 이해할 수 없다.

지금 나의 책상에는 한 잔의 아메리카노가 놓여 있다. 내가 책상 앞에서 바라보는 커피 잔의 모습과 누군가 내 방에 들어와 문을 열고 바라보는 커피 잔의 모습은 당연히 다를 수밖에 없다. 아무리 그 사람과 똑같은 것을 보려고 해도 100% 똑같이 이해하고 바라볼 수는 없다.

그래서 오히려 그 사람을 이해하려고 하는 노력 자체가 틀린 것일 수 있다. 그냥 그 사람 자체를 이해하기보다는 인정하는 것이 더 옳은 생각이다. '그래, 그 사람은 그렇게 생각하는구나. 인정하자. 나와 다른 것을 인정하자.'라고 말이다.

특히 나 자신보다 능력이 부족해 시야가 넓지 않은 사람들을 보면서 '저 사람은 왜 저럴까?'라고 생각하기보다는 '아, 좀더 시간이 지나야만 더 많은 것을 볼 수 있겠구나. 저 사람이 시야를 넓힐 수 있도록 내가 도와줘야겠다.'라고 타인을 향한 애정 어린 마음을 가져보자.

카리스마형 스피치 스타일이 강한 사람들은 자신은 옳고 남은

틀리다고 생각하는 경우가 많다. 그러나 '틀린 것'이 아니라 '다른 것'이라고 인정한다면 더욱 잘 소통할 수 있다.

정보가 아닌 스토리로 말하자

정보만 전달하는 것보다 스토리를 넣어 말하는 것이 효과적이다. 예를 들어 상사가 부하직원을 불러 이렇게 말을 한다고 해보자. "이번 브랜딩 전략팀에 사람이 비는데 이 대리가 지금의 업무에다 브랜딩 업무까지 모두 다 해야겠어. 알겠지?" 이렇게 통보해 버리면 부하직원은 '왜 하필 나지? 내가 가장 한가해 보였나? 내가 부장한테 찍힐 만한 일을 한 걸까?' 또는 반대로 '내가 그렇게 능력이 있나? 나의 능력을 인정해서 2가지 일을 다 하라는 걸까? 도대체 뭐야?'라고 생각할 것이다.

이때 스토리를 넣어 말해보자. "이 대리, 지금 하는 업무 어때? 할 만한가? 자네가 항상 일을 열심히 해주고 있어서 지켜보는 내 마음이 좋아. 이번에 브랜딩 전략팀에 사람이 필요하다고 하는데, 내가 보기엔 자네가 브랜드 일도 잘할 수 있을 것 같아. 대학 때 경영도 전공했고, 지난번에 신제품 출시 프로젝트 할 때 보니 기획도 잘하고, 네이밍 하는 작업도 잘하더라고. 브랜딩 전략팀의 일도 함께 해보면 어떨까?" 이렇게 일방적으로 "이 일을 해!"라고 하는 것이 아니라, 해당 업무를 왜 맡아야 하는지 구체적인 스토리를 넣어 말하면 훨씬 더 관계형 리더로 보일 수 있다. 카리스마형 스피치 스타일이 강한 사람들은 "내가 하라고 하면 해야지, 무슨 말이 많아?"라고 정보만 전달하는 사람들이 많다. 왜 이 일을 해야 하는지, 어떻게 해야 하는지 자세히 스토리를 넣어서 말해주자. 그럼 훨씬 더 친절한 스피치를 할 수 있다.

최대한 자세하고 친절하게 말하자

카리스마형 스피치의 사람들은 자신이 말하고자 하는 내용에 대해 이미 잘 알고 있기 때문에 쉽게 전달하려는 노력을 하지 않는다. 그래서 "이렇게까지 말했는데 왜 이해를 못 하는 거지? 얼마나 더 자세히 말해야 하는 거야?"라는 말을 자주 한다.

카리스마 있는 리더는 부하직원에게 해야 할 일을 융단폭격하듯이 한꺼번에 이야기한다. 그리고는 질문을 받을 생각도 하지 않고 "내일까지 마무리해."라고 소리치곤 사라진다. 남아 있는 부하직원은 혼란에 빠진다.

천천히 상대방이 자신이 하는 말을 잘 알아들을 수 있도록 구체적으로 말해주자. 이번 업무는 어떤 배경에서 필요하고, 이 업무의 중요성은 어느 정도이며, 업무를 효율적으로 하기 위해서는 어떻게 해야 하는지, 그리고 주의해야 할 점은 무엇인지, 언제까지 해야 하는지 명확히 말해주는 것이다.

리더가 괜히 외롭고 힘든 것이 아니다. 부하직원이 어느 정도 숙련될 때까지는 업무에 대한 그림을 스스로 머릿속에 그릴 수 있도록 아웃라인을 잡아줘야 한다.

처음부터 자세히 지시를 내리지 않고 구체적으로 묘사해주지도 않았으면서 나중에 보고를 받으며 "왜 이렇게 한 거야? 누가 이렇게 하래? 머리는 장식으로 달고 다니는 건가?"라고 인신공격을 하는 상사들이 있다. 자신이 하는 일이 무슨 대단한 일인 것처럼 생각하는 리더들도 있다. 그런 상사들을 보며 부하직원들은 이렇게 말할 수 있다. "그래. 잘났다. 그런데 나도 5년, 10년 정도 지나면 그 정도는 다 할 수 있거든!"

청중을 향해 질문을 많이 하자

질문의 위력은 대단하다. 질문이 갖는 가장 큰 장점은 '소통 스피치'를 하게 해준다는 것이다. 청중에게 질문한다는 것은 그만큼 자신의 마이크를 청중과 나눈다는 뜻이다. 혼자만 말을 하는 것이 아니라 청중에게 마이크를 건네 그들도 스피치 속으로 들어올 수 있도록 해주는 것이다.

지나치게 권위적으로 말하는 사람들은 질문을 통해 청중이 스피치에 참여할 수 있도록 여유를 주어야 한다. "저는 반드시 우리 부서에서 캐비어 100%가 함유된 이 화장품 사업을 추진해야 한다고 생각합니다."라고 말하기보다는 "여러분은 우리 부서에서 어떤 사업을 가장 먼저 추진해야 한다고 생각하세요? 캐비어 100%가 함유된 이 상품을 중국에 출시해야 한다는 제 생각은 어떤가요?"라고 질문을 많이 하다 보면 상대방이 어떤 생각을 하는지 알 수 있다. 청중은 표정과 미소, 말을 통해 질문에 답하기 때문이다. 이렇게 되면 상대방이 어떻게 생각하는지도 모르고 독불장군처럼 말하던 본인의 스피치 스타일이 보완될 수 있다.

질문은 상대방의 생각을 유추하는 데도 도움이 되지만 그 효력은 그뿐만이 아니다. 질문의 또 다른 매력은 화자의 부담을 덜어준다는 것이다. 화자가 긴장해서 내용을 잊어버리는 경우가 있다. 이때 청자에게 질문을 하면 말할 내용에 대해 생각할 여유를 갖게 된다. 한마디로 중간에 생각이 안 나거나 막힐 때는 주저하거나 긴장하지 말고 청중에게 질문을 해보라는 것이다.

"저는 성공하는 사람과 패배하는 사람의 가장 큰 차이가 마지막 목표를 앞두고 힘들어서 포기하는가, 아니면 젖 먹던 힘까지 쥐어짜서 끝까지 최선을 다하는가에 있다고 생각합니다."와 같은 말도 질문을 많이 하는 사람들은 이렇게 바꿔 말한다.

"여러분, 성공하고 싶지 않으세요? 꼭 돈에 대한 성공이 아니어도 각자가 원하는 성공이 있으실 텐데요. 성공하는 사람과 패배하는 사람의 차이가 무엇인지 아세요? 마지막 목표를 앞두고 포기하느냐, 아니면 더욱 힘을 내서 목표를 달성하느냐입니다. 여러분, 성공하고 싶으시다면 마지막까지 포기하지 말고 젖 먹던 힘까지 쥐어짜 꼭 성공하시길 바랍니다. 잘할 수 있으시죠?"

혼자서 일방적으로 말하는 것만큼 외로운 것은 없다. 스피치도 관계다. 혼자서 일방적으로 하지 말고 청중들과 나누자. 스피치의 두려움을 왜 혼자 어깨에 짊어지고 가려고 하는가? 연사 앞에는 청중이 있다. 생각이 안 나거나 긴장되거나, 소통이라는 여유를 갖고 말하고 싶다면 청중에게 할 질문을 생각해보자.

스피치 전 철저한 청중 분석을 하자

혼자서 말하는 것이 아니라 청중과 말을 주고받으려면 청중이 어떤 것에 관심이 있는지 알아야 한다. 좋은 스피치를 만드는

100%에서 99%가 '청중 분석'이다. 그만큼 스피치를 하기 전에 청중 분석은 굉장히 중요하다. 청중을 알아야 그들이 귀 기울일 수 있는 이야기를 할 수 있기 때문이다. 나머지 1%는 '리허설'이다. 아무리 스피치에 대한 내용을 철저히 준비해도 머리가 아닌 가슴과 입에서 소리가 토해져 나올 수 있도록 리허설을 해보는 것이 좋다. 그렇다면 청중 분석이 99%를 차지할 정도로 중요한 이유는 무엇일까?

청중 분석이 정말 중요한 이유는 청중이 누구냐에 따라 이야기의 소재가 달라지기 때문이다. 이야깃거리는 말을 하는 기본적인 재료를 뜻한다. 청중의 나이, 성별, 관심사, 전문성, 태도에 따라 각자가 좋아하는 소재는 다르다.

예를 들면 내가 파부침주破釜沈舟, 즉 밥을 지을 솥도 깨트리고 타고 돌아갈 배도 가라앉힐 정도로 결연한 의지를 가지고 일에 나선다는 의미를 가진 고사성어를 좋아해 스피치에 활용하고 싶다고 가정해보자. 만약 이 고사성어와 관련된 일화를 50~60대 남성들이 있는 자리에서 이야기한다면 반응이 좋겠지만, 20대 여성들이 있는 자리에서는 "도대체 무슨 소리야?"라는 반응을 들을 수 있다. 아무리 좋은 예시라고 해도 상황과 청중에 따라 취사선택을 해야 한다.

분노를 조절하자

카리스마 있게 말하는 사람 중 간혹 분노 조절이 잘 안 되는 경우가 있다. 이런 사람들은 자신의 능력과 권위에 조금이라도 반하면 화부터 나기 때문이다.

어느 기업에 카리스마가 넘치지만 매사 화를 잘 내는 부장이 있었다. 그는 자신을 아꼈던 회사의 대표가 '관계 개선 커뮤니케이션'이라는 교육을 추천해주었다며 나를 찾아왔다. 그는 마음이 따뜻한 사람이었지만 자신이 비합리적이라고 생각하는 부분에 대해서는 자주 화가 난다고 했다. 직원들이 열심히 일하지 않는 것, 기본적인 태도가 좋지 않은 것을 보면 너무 화가 나 그것을 지적하다가 보면 결국 이성을 잃게 된다는 것이다.

매우 얇고 긴 샴페인 잔이 있다고 생각해보자. 이 잔에는 달콤한 꿀물이 가득 차 있다. 갑자기 누군가 다가와서 이 샴페인 잔을 쳤다. 흘러나오는 것은 무엇인가? 달콤한 꿀물이다. 만약 이 샴페인 잔에 똥물이 가득 차 있었다고 생각해보자. 역시 누군가 와서 이 잔을 쳤다면 흘러나오는 것은 무엇인가? 바로 똥물이다. 자기 안을 긍정의 꿀물로 가득 채웠는지 부정의 똥물로 채웠는지에 따라 상대방이 자극했을 때 흘러나오는 것이 다르다.

화가 나는 것은 상대방 때문이 아니다. 자기 안을 분노로 가득 채웠기 때문이다. 자기 안의 '화'를 다스리자. 화는 굉장히 다양한 모습을 하고 있다. 경쟁에서 이기려고 노력하는 것, 그리고 경쟁에서 이기고 지는 것에 연연하는 것, 다른 사람에게 주어야 하는데 잘 주지 않는 인색함, 불평불만을 토로하는 것, 예전 일을 후회하는 것 등, 이 모든 것이 화를 쌓는 업이다.

얼마 전 한 조사에서 한국 사람들은 먹고 마실 때, 그리고 다른 사람들과 대화할 때 행복해한다는 자료를 본 적이 있다. 좋아하는 사람과 맛있는 음식을 먹으며 나누는 대화만큼 행복한 일은 없을 것이다. 하지만 그 안의 대화 내용이 누군가를 칭찬하거나 격려하는 등의 행복한 대화가 아니라 누군가를 험담하고 비방하는 내용으로 가득 차 있다면 당장은 잠시 행복할지 모르겠지만 장기적으로는 그 대화를 나눈 사람들에게 도움이 되지 않는다. 입에서 부정의 에너지가 아닌 긍정의 에너지가 가득 찬 말이 나올 수 있도록 나 자신을 관리해보자.

업무 외적으로도 사람들과 시간과 마음을 나누자

행복한 사람이 스피치도 잘한다. 그런데 이 행복은 어디에서 오는 걸까?

나는 나의 20대를 방송을 하면서 보냈다. 아나운서와 쇼핑호스트 생활을 하며 '남들의 기대치를 약간만 뛰어넘어라.'라는 생각을 머릿속에 넣고 남들의 기대치보다 조금씩 높게 일을 했더니 조직에서 인정을 받게 되었다.

그런데 정말 신기한 것은 20대에 했던 방송일과 30대를 보낸 스피치 강사로서의 삶을 돌아보면서 '내가 얼마나 실적을 올렸냐?'보다는 '누구와 함께 그 일을 했느냐?'가 더 기억에 남는다는 것이다.

아나운서 시절 동기들과 함께 가락동 농수산물 시장에서 회와 함께 술을 한잔했던 기억, 스피치 강사로 일하면서 수업을 끝내고 회원들과 차를 마시면서 나누었던 이야기들이 더욱 기억에 남아 있는지 모르겠다. 행복이란 것은 어떤 결과물을 만들어내는지가 아니라 그 결과물을 누구와 함께 만들었는지에 따라 농도가 다를 수 있다는 것을 알았다.

사람은 자신이 하는 일에 전문성을 갖춘다고 해서 행복해질 수 없다. 일을 통해 전문성을 얻어 돈을 많이 번다고 해서 행복해지는 것이 아니다. 일만 잘한다고, 전문성이 있다고 해서 행복해지는 것이 아니라는 말이다. 행복은 타인과 돈이 아닌 마음으로 나눌 수 있어야 완성된다. 워커홀릭일수록 어느 순간이 되면 외로워지고 힘들다는 생각이 드는 이유가 바로 이것 때문이다.

카리스마형 스피치 스타일인 사람들은 사람과의 관계를 무언가를 만들어내야 하는 관계로만 생각하는 경향이 있다. 그래서 결과물을 만들어내지 않는 것은 시간과 자원 낭비라고 생각한다. 하지만 세상은 그렇게 만들어지지 않았다. 결과물이 작아도 그 결과물을 얻어내기까지 어떠한 사람들이 만나 서로 마음과 지식을 나누었는지, 그리고 그 안에서 소소하게 어떤 음식을 먹고 어떤 차를 마시며 어떤 대화를 나누었는지가 행복에서 아주 중요한 부분을 차지한다.

내 스피치 강의를 들은 첫 제자들 가운데 지금까지도 꾸준히 나에게 연락을 해주는 사람이 있다. 아카데미에 1년에 한 번씩은 찾아오는데, 그때마다 빵집에 가서 빵을 잔뜩 사가지고 온다. 나는 그 빵이 그렇게 반가울 수가 없다. 그 제자가 반가워서이기도 하지만, 만나는 시간이 배고플 시간인 오후 4시 정도라 빵이 더욱 반가운 것이다. 이쯤 되면 내가 배고플 거라고 그 제자는 짐작해서 사오는 것이 틀림없다.

관계형은 이렇게 '상대방이 어떤 마음일까?' '어떤 것을 알고 있을까?' '어떤 상황일까?'에 늘 관심을 갖고 염려하는 유형이다.

사람들과 소통하는 관계형 스피커가 되고 싶은가? 그럼 내가 아닌 타인에게 먼저 시선을 돌리자.

"나만 특별하지 않다. 나도 특별하고 너도 특별하다."

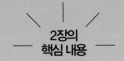
1. 카리스마형 스피치 스타일의 장점

   • 자신의 일에 대한 전문성이 느껴진다.

   • 말하는 주제에 대해 잘 알고 있다는 생각이 든다.

   • 누구나 다 아는 내용이 아닌 통찰력 있는 말을 한다.

   • 말하고자 하는 메시지가 확실하게 느껴진다.

   • 말에 군더더기가 없다.

   • 사람들을 사로잡는다.

2. 카리스마형 스피치 스타일의 단점

   • 일방적이고, 말을 할 때 정보전달 위주라 재미가 없다.

   • 목소리가 매우 크거나 작아 청중의 귀를 힘들게 할 수 있다.

   • 토론이나 협상을 싫어해 누구나 원하는 결과를 만들기 어렵다.

   • 칭찬받는 것을 매우 좋아해 미성숙한 인격을 드러낼 수 있다.

   • 발표할 때 주어진 시간을 잘 활용하지 못한다.

   • 발표할 때 표정의 변화가 없다.

   • 청중을 향해 눈을 크게 뜨거나 제스처를 강하게 한다.

논리만큼 정확한 것은 없다. 1+1=2, 이것은 아무리 창조적으로 스토리텔링을 한다고 해서 변하는 것이 아니다. 명확히 이건 2가 답이다. 논리형 스피치 스타일은 의사소통의 오류를 막을 수 있는 아주 최적의 스피치 스타일이다. "우리 한번 잘해봅시다."보다 "우리는 이번에 지난달 대비 5% 이상 매출을 올려야 합니다."라고 말하는 것이 오류 없이 메시지를 전달할 수 있다. 하지만 논리형의 맹점은 말하는 사람의 매력을 느낄 수 없다는 것이다. 다 맞는 말이지만 말하는 사람이 꼴 보기 싫을 때가 있지 않은가? 누군가를 설득할 때 논리도 중요하지만 논리만으로 사람의 마음을 얻을 수 없다는 사실을 명심하자.

3장

논리형 스피치 스타일

논리형 스피치 스타일
체크리스트

의사소통의 오류를 줄이는 최적의 스피치 스타일이 바로 논리형이다.
진단을 통해 본인의 논리 유형 정도를 확인할 수 있다.

무슨 말을 하든 논리적으로 딱 떨어지게 말하는 사람들이 있
다. 어쩜 그렇게 머릿속으로 구조화해 잘 말하는지 상사의 어떤
질문에도 논리적으로 대답하는 사람들을 보면 '굉장히 아는 것이
많구나. 준비를 얼마나 한 거야?'라는 생각이 절로 든다.

논리는 말이나 글에서의 짜임새나 갈피, 그리고 생각이 지녀야
하는 형식을 말한다. 사전에는 이렇게 어렵게 표현되어 있지만 한
마디로 논리는 건물을 짓는 것과 비슷하다. 건물을 튼튼하게 지으
려면 기본 골조부터 잘 세워야 하는데, 그 골조를 좋은 재료들로
꼼꼼히 채워야만 좋은 건물을 지을 수 있다. 최종 인테리어 단계

에서 조금 더 세련되게 실내를 장식한다면 사람들이 더욱 좋아할 것이다. 논리도 마찬가지다.

"앞에만 나가면 머릿속이 하얘져 아무것도 생각이 나지 않는다."라고 말하는 사람들의 99%는 논리를 체계적으로 세우지 않았기 때문이다. 논리의 뼈대, 즉 골조와 자재, 실내장식 등에 대한 기본 원칙이 있으면 막연한 무대공포는 생기지 않을 것이다.

[논리형 스피치 스타일 진단]

다음의 항목에 '그렇다' 또는 '아니다'로 답하시오.

1. 발표 준비를 미리미리 하는 편이다.

2. 정해진 시간 안에 발표를 끝낼 수 있도록 사전에 준비한다.

3. 구체적인 수치와 통계자료가 있어야 말하기가 편하다.

4. 구체적인 자료 없이 말하는 사람이 잘 이해가 되지 않는다.

5. 상대방에게 논리정연하다는 말을 자주 듣는다.

6. '서론-본론-결론'으로 나눠 말하는 것에 대해 알고 있다.

7. 말하기 상황에 맞춰 정확한 단어를 구사하는 편이다.

8. 평소 신문을 보면서 유용한 정보는 항상 메모한다.

9. 말할 때 문장의 주어와 서술어의 호응을 맞춰 말하는 편이다.

10. 목소리가 크지는 않지만 말을 차분히 하는 편이다.

: 결과 :

- '그렇다'가 9개 이상: 완벽한 논리형이지만 다른 스피치 스타일과의 균형도 필요함

- '그렇다'가 6개 이상: 논리형에 속하며 다른 스피치 스타일과의 균형을 이루는 것이 좋음

- '그렇다'가 3개 이상: 퍼블릭 스피치에 두려움이 있으므로 논리형의 보완이 필요함

- '그렇다'가 3개 미만: 퍼블릭 스피치에 공포가 심하므로 논리형을 반드시 보완할 필요가 있음

논리형 스피치 스타일 진단에서 '그렇다'가 6개 이상인 사람들은 감성형 스피치 스타일 점수가 어떻게 나왔는지 살펴보아야 한다. 만약 논리형은 '그렇다'가 6개 이상이 나왔는데 감성형이 이보다 적게 나왔다면 논리에 비해 상대적으로 감성이 약하다는 결론에 이른다.

논리와 감성이 서로 조화를 이루어야만 상대방을 설득할 수 있

다. 너무 논리적으로만 말을 하면 말의 내용은 맞아도 그대로 따르기가 싫은 경우가 종종 있다. 상대방을 설득하려면 논리와 감성, 2마리 토끼가 모두 필요하다.

또한 이 진단에서 '그렇다'가 3개 미만으로 나왔다면 반드시 논리에 대한 보완이 필요하다. 논리라는 구조가 체계화되지 않으면 퍼블릭 스피치를 할 때 말에 짜임새가 없어서 횡설수설할 수 있기 때문이다.

"무대공포는 99%의 논리로 극복할 수 있다."

논리형 스피치 스타일의
특징

건물에서 기본 골조에 해당하는 논리를 가지고 말하는 스피커는
'서론-본론-결론'을 지켜 말하는 등의 몇 가지 공통된 특징을 보인다.

스피치에서 논리적으로 말하는 것은 정말 중요하다. 본인의 주장에 맞는 과학적이고 논리적인 근거를 대는 것만큼 누군가를 설득할 수 있는 좋은 방법은 없기 때문이다.

논리는 단순하고 정확하며 깔끔하다. 그러나 기억에는 남지 않는다. 이 말이 무슨 말인지 궁금한 사람들이 있을 것이다. 논리는 과학적이고 이성적이며 합리적이지만, 사실 자체로만 존재할 경우 재미가 덜해 쉽게 잊힌다는 단점이 있다.

학창시절의 교과서를 생각해보면 이해하기 쉽다. 매우 논리적이지만 잘 기억에 남지는 않는다. 오히려 교과서에 실린 인물 사

진에 펜으로 낙서한 기억이 더욱 선명할 것이다.

여러분의 논리형 점수는 어떻게 나왔는가? 만약 '그렇다'라는 대답이 6개 이상 나왔다면 스피치할 때 다음의 특징들이 있을 가능성이 크다.

'서론ㅡ본론ㅡ결론'에 입각해 말하는 것을 좋아한다

논리형 스피치 스타일의 사람들은 말할 때 전체적인 뼈대를 세울 줄 안다. 발표나 강의 등의 퍼블릭 스피치를 할 때는 기본적으로 말에 '서론-본론-결론'의 틀을 세우는 것이 중요하다.

논리는 공식이며 약속이다. 이 약속에만 맞춰 말하면 논리는 금방 잡을 수 있다. 공식이 있으면 좋은 이유는 그것에만 맞춰 말을 하면 되기 때문이다.

스피치의 논리구조는 기본적으로 '서론-본론-결론'으로 구성되어 있다. 이 서론과 본론, 결론에 맞춰 구조를 짜면 누구나 논리적으로 말할 수 있다. 하지만 대부분의 사람들은 본론만 준비하고 서론과 결론을 따로 준비하지 않는다. 서론을 준비하지 않아 바로 본론으로 들어가는 경우, 반대로 서론으로 80% 이상 끌다가 시간이 없어 본론을 제대로 말하지 못하는 경우, 결론으로 마무리 지을 말을 미처 생각하지 못해 같은 말만 되풀이하며 시간을 끄는 경우 모두 논리적이지 않은 스피치에 속한다.

각각의 역할이 있기 때문에 반드시 '서론-본론-결론'을 준비해야 한다. 서론의 역할은 관심 끌기다. 청중의 관심을 이끌어야 사람들이 본론의 내용에 더욱 집중하기 때문에 서론이 필요하다. 본론의 역할은 스피치 중심 내용을 말함과 동시에 내용의 참신함을 보여주어야 한다. 서론에서 흥미를 이끌어냈는데 내용이 없으면 청중은 실망한다. 결론의 역할은 감동 주기로, 사람들이 본론의 내용을 머리로 이해했다면 결론 부분에서 마음에 감동까지 더해 반드시 청중이 내용을 행동에 옮길 수 있도록 독려하는 것이다.

구체적으로 어떻게 '서론-본론-결론'을 준비해야 하는지에 대해서는 이후에 다룰 '논리형 스피치 스타일을 강화하는 방법'에서 다시 언급하도록 하겠다.

구체적인 수치를 넣어 말하는 것을 좋아한다

논리형인 사람들은 서로 다른 의견을 맞춰나가는 논쟁을 할 때 뜬구름 잡는 식의 감성적인 말은 하지 않는다. 그 대신 공동의 문제를 풀기 위해 주장과 근거를 교환하며 하나씩 검증해간다. 감성적인 사고가 아닌 비판적이고 이성적인 사고를 통해 상대방을 설득한다.

"어떻게 그런 생각을 하게 되었습니까? 그 생각에 대해 어떤 근거를 제시할 수 있죠?"

"당신의 의견에 반대하는 사람은 어떤 근거를 제시할까요?"

"그 의견이 맞다는 구체적인 자료가 있나요?"

"어떤 근거가 나오면 당신의 의견이 틀렸다는 것을 인정하시겠습니까?"

"다른 의견도 옳을 수 있지 않을까요?"

위와 같은 생각을 기본적으로 머릿속에 품고 상대방을 설득하기 위해 구체적인 통계 등의 수치화된 자료를 모은 후, 상대방의 전략에 대해서도 미리 파악하는 철두철미한 사람이 바로 논리형 스피치 스타일의 사람이다.

예를 들어 "우리나라 사람들의 행복지수가 낮대. 어떡해."라고 말하는 것보다 "한국기독교언론포럼 여론조사에서 한국의 국민 행복지수가 100점 만점에 61.4점으로 나왔대."라고 구체적으로 말하는 것을 선호하는 유형이다.

논리형은 여성보다는 사회경험이 많은 남성에게, 직급이 낮은 사람보다는 직급이 높은 사람들에게 주로 나타나는 유형이다. 이런 논리형 청중을 만났을 때는 뜬구름 잡는 식의 모호한 이야기보다는 구체적인 자료를 제시하는 것이 설득력을 높일 수 있다.

주장에 구체적인 근거를 제시한다

근거를 제시하는 방법에는 크게 2가지가 있는데, 바로 연역과 귀납이다. 연역은 어떤 명제에서 추론 규칙에 따라 이끌어낸 결론이나 결론을 이끌어내는 과정을 뜻한다. 일반적인 사실이나 원리를 전제로 개별적인 사실이나 특수한 다른 원리를 이끌어내는 추리를 말한다.

예를 들면 '리더는 외롭다. 나는 리더다. 그러므로 나는 외롭다.'라고 생각하는 것이 연역이다. 귀납은 '리더 임유정은 외롭다. 리더 박경희도 외롭다. 리더 손경미도 외롭다. 아, 리더는 모두 외로운 거구나!'라고 생각하는 것이다. 명제에서 어떤 사실을 도출해내는 것은 연역, 여러 사실들에서 새로운 명제를 얻어내는 것을 귀납이라고 생각하면 된다.

근거를 제시할 때는 경험성 일화보다는 정보성 일화가 유용하다. 경험이나 체험 등의 몸으로 배운 통찰이 큰 의미는 있지만 자칫하면 지극히 주관적이라는 느낌을 줄 수 있기 때문이다. 정보성 일화는 책이나 논문, 신문기사 등을 통해 객관적으로 얻은 정보를 이용해 말하는 것으로, 이러한 구체적인 정보를 이용하면 상대방을 논리적으로 설득하기가 쉽다.

단어를 함축적으로 쓰는 것을 좋아한다

논리형인 사람들은 단어의 의미를 친절하게 풀어서 말해주는 것보다 한자어와 같은 함축적인 단어를 즐겨 사용하는 경향이 있다. 예를 들면 "우리가 한 가지 사실만으로 항상 맞는 것처럼 생각해버리면 안 돼."라는 말을 이들은 "성급한 일반화의 오류를 범해선 안 돼."라고 표현한다. "우리는 각자 생각하는 것도 다르고 살아온 배경도 달라서 서로의 차이를 인정하고 들어줘야 해."라는 말 역시 "사람들마다 준거 틀이 다르기 때문에 역지사지_{易地思之}해야 해."라고 말하는 것이다.

하지만 함축적인 단어를 많이 사용하는 경우 잘난 척한다는 느낌을 줄 수 있으며, 사용한 어휘를 상대방이 모를 경우 오히려 소통이 안 될 수 있으니 청중에 따라 선별해 사용해야 한다.

발표 시간을 준수한다

제대로 된 논리형 스피커는 자신에게 주어진 시간을 칼같이 지킨다. 만약 3분 스피치를 해야 하는 상황이라면 몇 번 리허설을 해보고 2분 50초에 스피치를 끝내는 사람들이다. 이렇게 발표 내용뿐만 아니라 시간까지 철저히 지키다 보니 스피치가 깔끔할 수밖에 없다.

대부분 스피치할 때의 모습을 보면 카리스마 있게 말하는 사람들은 스피치를 너무 짧게 하거나 너무 길게 하는 경우가 있다. 자신이 하고 싶은 말이 없으면 시간에 개의치 않고 중간에 말을 그만두거나, 하고 싶은 말이 있으면 다른 사람의 시간을 뺏더라도 길게 하는 경우다.

스피치 시간이 가장 긴 유형은 바로 '감성형 스피치 스타일'이다. 감성형 스피치 스타일의 사람들은 사족이 많다. 자기가 어떤 식당에 갔는데 사람들은 얼마나 많았는지, 어떤 메뉴를 시켰는데 시간이 오래 걸렸다든지, 처음 음식이 나왔는데 음식이 겉보기에 어땠는지, 맛은 어땠는지, 음식점 주인의 태도는 어땠는지 등 정말 이야기가 끊임없다.

반면에 논리형 스피치 스타일은 자신이 하고자 하는 말을 함축적으로 전달하고 자신이 구조화한 순서대로 깔끔하게 말한다. 자신에게 주어진 시간을 최대한 활용하며 그 안에 많은 정보가 들어갈 수 있도록 알차게 말하는 유형이다. 하지만 이렇게 논리적인 모습이 어떨 때는 너무 차가운 인상을 줄 때가 있다. 논리가 지나치면 냉정해 보인다.

스토리보다는 정보를 전달한다

논리형 스피커의 단점은 스토리를 싫어한다는 것이다. 왜냐하면 구체적인 일화를 넣으면 내용이 장황해진다고 생각하기 때문이다. 그래서 사실 그대로인 정보만 전달하는 것을 좋아한다.

하지만 생각해보라. 스토리를 넣는다고 해서 꼭 말이 길어지고 시간이 낭비되는 것은 아니다. "우리 영업팀에서는 지난해 20%의 매출 신장을 기록했습니다."라고 말하는 것보다 "지난해 우리는 굉장히 어두운 터널을 지났습니다. 세계 경기 침체 이후 실적 부진이 이어지다 연말에 매출 역전을 일으켰습니다. 그 역전의 주역은 바로 하반기에 출시된 제품, ○○○ 덕분이었습니다. 이 제품이 고객들의 사랑을 받으며 매출을 크게 끌어올렸고, 그 결과 지난해 20% 이상의 매출 신장을 기록할 수 있었습니다."라고 말하는 것이 훨씬 와닿지 않는가.

물론 어떤 메시지는 간결하게 전달하는 것이 좋을 때도 있다. 하지만 어떤 메시지는 앞뒤 이야기가 모두 잘려나가 오히려 이해하기 어려운 경우가 있다. 우리가 말을 하는 이유는 상대방의 머릿속에 내가 말하고자 하는 내용을 기억하게 하기 위함이다. 정보만을 나열해 상대방이 하나도 기억하지 못하는 것보다 스토리를 넣어 말하는 것이 설득면에서는 훨씬 더 유용할 수 있다.

개인의 경험이나 사생활 노출을 꺼려한다

논리형 스피커는 개인이 경험한 내용이나 자신이 어떤 사람인지 좀처럼 노출하려고 하지 않는다. 물론 모든 것을 타인과 나눌 필요는 없지만 타인과 친밀도를 높이려면 자신의 개인적인 이야기를 어느 정도 털어놓는 것이 좋다. 청중은 말하는 사람의 경험과 그 경험을 어떻게 해석하고 처리했는지에 따라 그 사람의 성향을 파악하기 때문이다.

자신의 경험을 노출하지 않은 사람들은 솔직하지 못하거나 냉정한 사람이라는 평을 받을 수 있다. 성공적인 스피치를 하기 위해 적절한 자기 노출은 필수다. 평소 논리적으로 말하고 자신의 일만 하는 사람들을 보면 '저 사람 속을 잘 모르겠다.'라는 생각이

들 때가 있다. 너무 논리적으로만 말하면 사람이 냉정해 보이고 솔직해 보이지 않을 수 있다는 사실을 잊지 말자.

감성적으로 말하는 사람들을 싫어한다

논리형 스피커는 〈개그콘서트〉 같은 예능 프로그램을 보면서도 그냥 웃자고 하는 말에 죽자고 달려드는 경우가 있다. "저게 뭐가 웃겨. 논리적이지도 않고 구체적이지도 않고. 난 하나도 안 웃겨."라고 말하는 유형이다. 논리형인 사람들은 감성이 부족하기 때문에 항상 얼굴 표정이 단조롭고 진지한 경향이 있다. 그리고 감성적으로만 말하는 사람들을 보면서 "참 뜬구름 잡는 이야기만 하고 있네. 과학도 없고 논리도 없고, 수치나 통계도 없어."라며 한심해하기도 한다.

예전에 일명 '편fun 강좌'라고 하는 강의를 들어본 적이 있다. 재미 위주로 진행되는 강의라서 자칫 내용에 필요성을 느끼지 못하면 강사가 따라하라는 말이나 동작을 따라하기조차 힘들 수 있다. 그날 난 열심히 강의를 듣는 사람들을 보면서 '언제 끝나지? 빨리 집에 가고 싶다.'라는 생각을 하며 지루하게 앉아 있었다.

이 모습을 본 80대 노부부께서 쉬는 시간에 나에게 말을 걸었다. "왜요? 못 따라하겠어요? 펀 강좌 정말 유치하죠? 그런데 있잖아요. 내가 살아보니까 원래 인생 자체가 유치한 거더라고요." 하면서 웃으시는 걸 보고 나는 큰 충격을 받았다. 이제까지 왜 진지하게 인생을 살아야만 잘사는 것이라고 생각했을까? 그냥 낙엽이 떨어지는 것만 봐도 웃을 수 있다면 그것도 인생을 잘살고 있다는 증거 아닐까?

아리스토텔레스는 "누군가를 설득하려면 로고스(논리)와 에토스(말하는 사람의 인격), 파토스(동정심 호소)가 있어야 한다."라고 말했다. 이 세상은 논리로만 이루어져 있지 않다는 뜻이다. 누군가와 소통하고 설득하려면 에토스와 파토스 또한 중요하다는 사실을 논리형 스피커는 잊지 말아야 한다.

"논리만큼 메시지를 정확하게 표현해주는 것은 없다."

논리형 스피치 스타일을
강화하는 방법

논리형 스피치 스타일을 강화하려면 논리에 대한 이해가 선행되어야 한다.
논리는 절대 어려운 것이 아니다. 논리를 배우고 활용해보자.

만약 여러분이 논리형 스피치 스타일 진단에서 '그렇다'가 6개 이하로 나왔다면 반드시 논리형에 대한 훈련이 필요하다. "아는 만큼 두렵지 않다."라는 말이 있다. 우리는 잘 알지 못하는 것에 막연한 두려움이 있다. 스피치도 하나의 기술이다. 그런데 기술이 바로 논리이므로, 논리를 배우고 익혀서 활용한다면 막연한 두려움에서 벗어나 스피치를 잘할 수 있을 것이다.

그럼 논리형 스피치 스타일을 강화하려면 어떻게 해야 할까? 먼저 논리에 대한 이해부터 하는 것이 중요하다. 논리는 어려운 것이 아니다. 순서에 맞춰 말하고, 꼭 해야 하는 말을 생략하지 않고, 같은 말을 반복하지 않으며, 최대한 쉽고 간결하게 말하는 것이 논리다.

논리는 어렵게 말하려고 세우는 것이 아니다. 논리의 기본 목적은 다른 사람이 자기 말을 잘 이해할 수 있게 만드는 것이다. 본인의 이야기를 최대한 쉽고 재미있게 정리해서 말하면, 그것이 바로 논리를 갖춰 말하는 것이 된다.

말의 기본 뼈대부터 세우자

스피치를 할 때는 작은 것을 생각하기 전에 먼저 큰 그림부터 그려야 한다. 스피치 논리의 큰 그림은 바로 'O-B-C'로 그린다.

O는 '오프닝Opening'으로 서론을 말한다. 서론이 하는 역할은 바로 청중의 관심 유발이다. B는 '보디Body', 즉 본론을 말한다. 발표에서 본론이 하는 역할은 내용을 참신하고 풍부하게 만들어 주제의 중심을 잡는 것이다. C는 '클로징Closing'으로 곧 결론이다. 결론의 역할은 사람들이 머릿속으로 익힌 내용을 행동으로 옮길 수 있도록 감동을 주는 것이다.

이렇게 O-B-C라는 '서론-본론-결론'의 큰 그림에 맞춰 글을 배열하는 것이 논리다. 논리의 큰 그림을 짜야 말을 하는 도중에

삼천포로 빠지지 않는다. 그리고 정해진 시간에 맞춰 내용을 효율적으로 배열할 수 있다. 그럼 '서론-본론-결론'에 대해 하나씩 자세히 알아보자.

말의 첫 단추인 서론을 준비하자

서론에서는 청중의 관심을 끌 수 있어야 한다. 청중을 집중시키는 방법은 크게 2가지다. 하나는 질문하는 것이고, 또 하나는 관련 일화를 이용해 주의를 환기하는 것이다.

청중에게 질문을 던지면 사람들은 스피치 주제에 대해 자연스럽게 생각하게 된다. 예를 들어 다이어트에 관한 스피치를 한다고 생각해보자. "여러분, 다이어트 해본 경험 있으세요?"라는 질문을 던지면 사람들은 누가 시키지 않아도 '내가 다이어트 해본 경험 있나?' 하고 자연스럽게 내용을 머릿속에 떠올린다. 무언가 떠올리게 했다면 그 자체가 바로 스피치 주제에 흥미를 유발했다는 말이다. 청중에게 질문을 해보자. 그러면 스피치의 첫 단추를 채우는 일이 한결 수월할 것이다.

청중의 관심을 끄는 두 번째 방법은 관련 일화를 이용하는 것이다. 서론에 간단한 일화를 넣으면 사람들은 '무슨 이야기를 하려는 거지?' 하고 궁금해하며 연사의 말에 집중하게 된다. 그런데 이때 중요한 것은 서론의 일화가 본론과 연결되면 더욱 효과적이라는 것이다. 서론에 뜬금없는 말을 하다가 본론으로 들어가면 시간 낭비처럼 느껴지겠지만, 본론의 내용을 강조하고 필요성을 제기해줄 수 있는 내용이면 더욱 스피치에 사람들을 집중시킬 수 있다.

예를 들면 다이어트에 대한 이야기를 할 때 서론에서 '다이어트에 관한 필요성'을 제시해줄 수 있는 이야기를 넣으면 전달력에 큰 효과가 있다. "여러분, 다이어트 하고 싶으시죠? 체중 조절이 필요하지 않으세요?"라고 말하는 것과 "여러분, 이제 봄입니다. 지난 봄과 여름에 유행했던 분홍색 쉬폰 블라우스, 입고 싶으셨지만 못 입었던 분들 계시죠? 짧아지는 바지와 치마가 너무 부담스럽다고 생각하시는 분도 계시죠? 이제는 다이어트를 해야 할 때입니다."라고 시기와 관련된 일화를 넣어 다이어트의 필요성을 제기하면 청중은 알아서 머릿속으로 '아, 정말 살을 빼야 할 때가 되었구나.'라고 생각하고 스피치에 집중하게 된다.

물론 이렇게 말해주지 않아도 청중들은 본론이 필요하다는 생각은 기본적으로 하고 있다. 하지만 말하는 사람이 그 필요성에 대해 구체적으로 서론에서 묘사해주지 않으면 방향이 모호해질 수 있기 때문에 스피치에 몰입되지 않는 일을 방지할 수 있다.

매년 한국 굴지의 통신 기업체에서 강의를 해왔는데, 어느 날 그 회사의 팀장에게서 미팅 제의가 들어왔다. 만나 보니 새로 바뀐 사장이 보고나 회의 때 임원들의 스피치 스타일을 지적하는 경우가 많아 대대적으로 스피치 교육을 실시하고 싶다는 것이었다. 그런데 사장이 가장 강조한 것이 '서론을 잘 여는 것'이라고 했다. 반드시 서론에는 관심 유발, 주의 환기, 스피치의 필요성 제기 등이 이루어져야 하는데, 임원들이 그냥 본론으로 훅 들어가는 것도 모자라 대본만 줄줄 읽는 스피치를 하고 있으니 사장이 답답해 했다는 것이다.

서론은 정말 중요하다. 아직도 '서론이 중요하다고? 발표할 시간도 없는데?'라고 생각하는가? 서론은 촌각을 다투며 간단명료해야 하는 스피치에도 필요하다. 왜냐하면 서론이라는 것은 청중을 위해서보다 말하는 나, 즉 화자에게 더 의미가 있기 때문이다.

스피치를 할 때 긴장하지 않는 사람은 없다. 오프닝에서 긴장을 어느 정도 털어내야 어려운 본론의 내용도 잘 풀어나갈 수 있다. 스피치의 가장 큰 적은 '두려움'이다. 이 두려움을 안고 사지死地로 들어갈 수는 없지 않은가?

서론은 전체를 100%라고 봤을 때 5~10%밖에 차지하지 않지만, 스피치의 첫 단추이기 때문에 매우 중요하다.

본론은 '매직 3'을 활용하자

말을 잘하는 사람들은 이야기를 무조건 시작하지 않는다. 마치 옷장 정리를 할 때 티셔츠와 바지, 액세서리로 나눠 정리를 하는 것처럼 본론의 내용을 3가지로 분류해 말하는 것이 '매직 3'다.

예를 들어 '2020년 캐비어 화장품 프로젝트'에 대해 프레젠테이션을 한다면 ① 제품소개, ② 국내 마케팅 전략, ③ 중국 마케팅 전략으로 나눠 말할 수 있다. 하지만 이때 앞서 말했던 3가지로 내용을 구성하되, 표현에 감정을 넣어 '① 이 제품은 최고입니다. ② 국내에서 열심히 팔겠습니다. ③ 특히 중국에서는 성공신화를 쓰겠습니다.'라고 열정을 드러낸다면 더욱 생명력 있는 스피치를 만들 수 있을 것이다.

전하고자 하는 내용으로 스토리를 만들어서 말하면 상대방의 머릿속에 스피치 내용이 오래 남는다. 사람들이 프레젠테이션에서 많이 놓치는 것이 바로 '감정 몰입'이다. 내용도 중요하지만 이 스피치에 화자가 얼마나 감정적으로 몰입되어 있는지에 따라 청중은 열정이 생길 수도 있고 그렇지 않을 수도 있다.

만약 '우리 회사에 대한 소개'라는 주제로 발표를 할 때 그저 회사에 대한 소개만 논리적으로 할 것인지, '우리 회사가 최고다.'라는 감정을 실어 말할지에 따라 결과는 아주 많이 달라질 수 있다. 논리는 사람들에게 이해가 쉽도록 하기 위해 구조화하는 것이다. 사람들의 생각은 이성과 감성으로 이루어져 있다는 사실을 잊지 말고 구조화시킬 수 있는 논리로, 이성을 자극하는 것뿐만 아니라 감성도 자극해야 한다.

이왕이면 매직 3을 구성할 때 정보 전달이 아닌 감성으로 구성해보자. 그리고 매직 3을 구성할 때 잊어서는 안 되는 것이 있는데, 바로 서로 동일한 분류 안에 들어갈 내용이 중복되거나 정말 중요한 사항이 누락되면 안 된다는 것이다. 'MECE Mutually Exclusive and Collectively Exhaustive; 상호배제와 전체 포괄'라는 말인데, 내용이 서로 겹치지 않으면서 빠진 내용 없이 나누어야 한다는 뜻이다.

정말 당연한 말이다. 말하는 사람이 강조하고자 하는 내용이 빠져 있고, 또 중복되어 앞에 한 말을 뒤에서 또 하는 스피치를 누가 논리적이라고 말하겠는가? 서로 반복하지도 누락되지도 않을 수 있도록 매직 3을 구성하는 연습이 필요하다.

결론을 통해 내용을 다시 한번 확인시켜주자

결론을 준비하지 않아 앞에서 했던 말을 또 하는 사람들이 있다. 결론의 역할은 감동을 주는 것이다. 다시 한번 정리해주고 좋은 문장으로 스피치를 마무리해주는 것이 좋다. 이때 누구나 다 아는 뻔한 명언보다 진심이 가득 담긴 한마디라면 더욱 좋다.

"'인생에서 가장 멋진 일은 주위에서 해내지 못할 거라 한 일을 해내는 것이다.'라는 말이 있습니다. 이 제품을 만든 저희는 항상 이런 생각을 하고 있습니다. 저희가 만든 멋진 작품을 선택해주십시오."처럼 끝맺음을 해보는 것은 어떤가? 결론을 잘 맺지 못해 중언부언하지 말고 반드시 결론을 준비해보자. 훈훈한 마무리일수록 더 효과적이다.

O-B-C에 맞춰 스피치 개요서를 작성해보자

그렇다면 이제 스피치 논리의 큰 그림인 O-B-C, 즉 '서론-본론-결론'에 따라 본인이 발표할 내용을 전체적으로 구조화한 뒤 스피치 개요서를 작성해보자.

스피치 개요서는 말 그대로 스피치할 전체 내용을 키워드 위주로 작성해보는 하나의 문서로, 만약 스피치 개요서가 잘 정리되지 않았다면 발표 준비는 했더라도 아직 정리가 제대로 되지 않은 것이다. 발표 준비와 정리는 다르기 때문에, 아무리 준비를 많이 했다고 해도 정리되지 않으면 말이 술술 나오지 않아서 마치 준비가 충분하지 않은 것처럼 보일 수 있다.

예를 들어 회사에서 이번에 100% 캐비어로 된 제품을 출시하는데, 이 제품을 설명하고 마케팅 기획안에 대한 세부내용을 임원들 앞에서 발표하는 상황이라면 스피치 개요서는 다음과 같이 작성하면 된다.

[스피치 개요서(예시)]

주제: 100% 캐비어 제품 ○○○이 정답이다.

청중: 사장 및 임원(총 7명 정도)

: 서론 :

"여성들은 영양이 가득한 것을 원한다."

"요즘 나는 주변 사람들로부터 피부 좋아졌다는 말을 많이 듣는다. 왜냐하면…"

"이번에 이 상품과 관련된 조사로 프랑스에 갔는데 프랑스 백화점에 캐비어 제품이 정말 많더라." (필요성 제기)

: 본론 :

매직 ①: 제품 설명

매직 ②: 2020년 국내 마케팅 계획

매직 ③: 해외 진출로 중국에 초점을 두기

: 결론 :

"100% 캐비어로 국내외의 미를 잡자."

이 정도의 내용만 머릿속에 인지하고 말을 해도 아주 좋다. 그런데 여기서 본론의 매직 3을 키워드로 작성하는 것에 그치지 않고 매직 3에 숨을 불어넣어주면 전달력이 좋아진다. 예를 들면 다음과 같이 구성하는 것이다.

: 본론 :

매직 ①: 이 제품의 기능이 정말 좋다(100% 캐비어로 되어 있어 여성의 피부에 영향을 준다).

매직 ②: 우리는 열심히 팔 것이다(2020년 국내 마케팅 계획).

매직 ③: 특히 중국에 초점을 두어 많이 판다(중국 시장 분석 및 세부적인 중국 마케팅 계획).

이렇게 각 키워드에 감정을 넣어 매직 3을 구성하면 훨씬 더 설득력 높은, 즉 열정이 가득한 스피치를 할 수 있다. 한번 시도해보

자. "스피치 스타일이 달라졌는데?" "요즘 정말 일을 열심히 하는
것 같아." "일에 집중하고 있는 모습이 보기 좋아."라는 호평을 받
을 수 있을 것이다.

구체적인 수치를 이용하자

말을 할 때 구체적인 근거를 보여주자. "미국의 어떤 학자가 말
하길 사람을 복종시키려면 권력이 필요하대. 그 권력의 기반 중에
서 가장 좋은 것이 참조라고 하더라."라고 말하는 것과 "미국 예일
대학교 심리학자인 스탠리 밀그램 Stanley Milgram 은 복종 실험을 통해
사람을 복종시키는 권력에는 총 6가지가 필요하다고 말했어. 그
중에서도 가장 강력한 것이 '참조'라고 하더라. 참조 권력은 사람
이 권력자와 자신을 동일시하거나 권력자에게 호감을 느끼거나
존경하게 만드는 것을 말해."라고 말하는 것 중에 어느 것이 더 논
리적이라고 생각하는가?

극단적인 예를 들어보자. 몇 분 앉아 있지도 않고 오늘 공부를
많이 해서 허리가 아프다는 아들에게 "네가 무슨 공부를 많이 했
니? 방에 들어가 공부하지 못해?"라고 말하는 것보다 "네가 얼마
나 공부하는지 시간을 기록해봤다. 2시 4분에 방에 들어가 공부

를 시작해 2시 8분에 물 마시겠다고 나오더라. 그리고 2시 10분에 책상을 정리해야 공부가 잘된다며 2시 40분까지 책상 정리를 하더니 금세 침대에 누워서 3시까지 스마트폰만 봤어. 기록에 의하면 네가 공부한 시간은 총 4분뿐이야."라고 말하면 다소 억지스럽기도 하고 아들의 눈총을 받을 수는 있지만 다시 공부하라는 말에는 힘이 실릴 것이다. 추상적이고 모호한 자료를 근거로 말하면 논리적으로 이야기한다는 말을 평생 듣지 못할 수도 있다.

한 변호사가 나에게 스피치에서 수업을 들을 때의 일이다. 논증에 강한 그는 항상 구체적인 명제를 통해 참된 결론을 도출했다. 항상 내 말을 듣고도 논리적으로 정리하곤 했는데, 예를 들면 "원장님은 원래 말을 잘 못 했는데 기술을 훈련해 잘하게 되었다고요? 수강생 A씨도 열심히 연습해서 말을 잘하게 되었네요. 다른 수강생 B씨도 마찬가지고요. 그렇다면 저희도 열심히 하면 스피치를 잘하게 될 수 있다는 결론에 이르게 되네요."라며 귀납적으로 말하는 것이다. 직업의 특성이 개인의 스피치 스타일에 어떤 영향을 미치는지 다시 한번 생각하게 했다.

사람을 설득하는 데 그 사람의 감정을 어루만지는 것은 중요하다. 하지만 발뺌하지 못하도록 구체적인 수치, 즉 논리와 이성으로 접근을 해야 하는 경우가 종종 있다. 예를 들어 "우리 부서가 내년에는 어떻게 될 것 같아?"라는 상사의 질문에 "잘될 거예요.

우리 희망을 가져요."라고 감성적으로 말하는 것과 "올해는 이러이러한 이슈가 있지만 신상품이 나와 작년 대비 10%의 성장률을 기록할 것으로 보입니다."라고 구체적으로 말하는 것은 다르지 않은가? 어느 쪽이 보다 믿음이 가고 해당 주제에 대해 더 잘 알고 있는 것 같은가? 구체적인 근거와 수치, 통계를 사용해 논리적으로 말해보자.

정보형 일화를 활용하자

"박수를 치면 건강에 도움이 됩니다."라고 말하는 것에서 그치지 않고 구체적인 정보를 이야기하면 더욱 신뢰가 간다. "손은 인체의 축소판이라고 하죠? 손바닥에는 345개의 경혈과 14개의 기맥이 있다고 해요. 이를 자극하면 장기 기능이 활성화되고 전신운동을 한 것과 같은 효과를 얻을 수 있다고 하네요."라고 구체적으로 말을 해주는 것이다. 또는 신문기사와 책, 전문가의 의견을 정보화해 말해도 훨씬 더 신뢰감 있는 스피치를 할 수 있다.

정보형 일화를 활용하려면 평소 메모하는 습관이 중요하다. 나는 메모할 수 없을 때는 휴대전화로 음성 녹음을 한다. 그리고 매주 또는 매월마다 따로 모아 메모장에 적어놓았다. 여러분도 이런

식으로 메모장에 20개 정도만 모은다면 한결 이야깃거리가 많아
진다는 것을 느낄 수 있을 것이다.

기본 논리에 맞춰 문장을 구성하자

첫말과 끝말의 조화가 잘 이루어져야 애매한 표현이 되지 않고
의미가 정확해진다. 또한 하나의 문장이 여러 의미로 해석되지 않
아야 한다.

> 예 이 노래는 서태지가 부른 노래다. (노래가 반복된다.)
> → '이건 서태지가 부른 노래다.'라고 표현해주는 것이 좋다.

> 예 이 프로그램은 8세 미만의 어린이나 청소년이 시청하기에 부
> 적절하므로 부모의 시청지도가 필요한 프로그램입니다. (역시 '프
> 로그램'이라는 말이 중복된다.)
> → 이 프로그램은 8세 미만의 어린이나 청소년이 시청하기에 부
> 적절하므로 부모의 시청지도가 필요합니다.

> 예 아름다운 정현이의 목소리를 듣고 싶다. (정현이와 목소리 중 무

엇이 아름다운지가 모호하다.)

→ 정현이의 아름다운 목소리를 듣고 싶다.

그리고 접속어의 사용도 굉장히 중요하다. 접속어를 잘못 사용하면 전체적으로 문장과 문장이 서로 자연스럽게 이어지지 않아 어색해지고 혼동된다.

> 예 나는 학생이다. 반면 너도 학생이다. (상호 대등하게 연결해주는
> 접속사를 써야 한다.)
> → 나는 학생이다. 또한 너도 학생이다.

> 예 우리 회사는 신상품을 출시하며 대대적인 분위기 쇄신과 반전
> 을 노렸습니다. 반면 그 결과는 좋지 않았습니다. (접속어가 부자연
> 스럽다.)
> → 우리 회사는 신상품을 출시하며 대대적인 분위기 쇄신과 반전
> 을 노렸습니다. 하지만 그 결과는 좋지 않았습니다.

접속어는 문장 내부의 두 성분, 또는 문장과 문장을 이어주는 역할을 하는 것으로 크게 7가지 종류가 있다.

① 귀결: 결론이나 요약을 도출할 때 사용된다(결국, 결론적으로, 그래서, 그렇다면, 요는).

② 대립: 앞에서 제시한 내용을 부정할 때 사용된다(하지만, 그렇지만, 도리어, 반면, 차라리, 그러나).

③ 병립: 동일 범주의 항목을 나열할 때 사용된다(그리고, 더구나, 또, 하물며).

④ 보충: 이유나 근거를 제시할 때 사용된다(다만, 만약, 뿐더러, 왜냐하면, 특히).

⑤ 상술: 설명이나 예시 등을 제시할 때 사용된다(내용인즉, 말하자면, 사실인즉, 예컨대).

⑥ 인과: 원인과 결과를 제시할 때 사용된다(그러므로, 그런 즉, 그리하여, 왜냐하면).

⑦ 전환: 주로 단락을 새로 시작하는 부분에 사용된다(각설하고, 그러면, 그런데, 다음으로, 돌이켜보건대, 아무튼, 어쨌든, 한편).

발표하기 전에 위의 접속어를 한 번씩 읽어보면 자연스럽게 입에 붙어 문맥의 의미에 맞는 접속어를 사용할 수 있다. 지금 바로 한 번씩 소리 내서 읽어보자.

명언류를 활용하자

명언은 그 자체가 논리가 되는 경우가 많다. 예를 들면 "사람은 크게 세 종류로 나눌 수 있습니다. 첫째가 적극적인 사람, 둘째가 소극적인 사람, 셋째는 부정적인 사람입니다."라는 명언을 이용하면 굉장히 논리적으로 전달된다.

"사람은 좋은 물건을 사는 것보다 좋은 경험을 하는 것에 시간과 비용을 투자해야 한다고 생각해요. 얼마 전 제가 정말 좋은 강사의 강의를 들었어요. 리더십 강의였는데 현재의 불경기를 타파하려면 아이디어보다는 실행능력이 필요하다는 거예요. 아이디어는 어떤 결과를 만들어내는 데 5%밖에 차지하질 않는대요. 나머지 95%는 어떻게 실행하느냐라는 거죠. 그 이야기가 어떤 말보다도 제 가슴을 크게 울렸습니다. 이런 가슴에 와닿는 좋은 경험이 앞으로 더욱 멋진 저를 만들 거라 생각합니다."

이렇게 말 안에 '어떤 결과를 만들어내기 위해서는 5%의 아이디어와 95%의 실행이 중요하다.'라는 내용이 들어가면서 전체적인 스피치 내용이 더욱 논리적으로 표현된다. 논리적인 구조를 갖고 있는 명언을 활용해보자. 그럼 훨씬 더 논리적으로 말할 수 있게 될 것이다.

논리적으로 말을 하는 것은 정말 중요하다. 논리는 의사소통의 오류를 막을 수 있는 유일한 방법이다. 만약 논리형 점수가 너무 낮게 나왔다면 이를 강화할 수 있는 훈련을 통해 논리적으로 말하는 것을 시도해보자.

하지만 논리만으로는 상대방을 설득할 수 없다. 아무리 논리적으로 말해도 상대방이 더 논리적으로 반박할 수 있다. 또한 지나치게 논리만을 따져 말하면 상대방의 마음을 건드려 오히려 "답답하다.", "융통성이 없다."라는 말을 들을 수도 있다.

"무대공포에서 벗어나고 싶다면 논리를 먼저 챙겨라."

논리형 스피치 스타일의
단점을 보완하는 방법

논리형 스피치 스타일은 자칫하면 청중이 냉정하다고 느낄 수 있지만
감성형 스피치 스타일로 상당히 보완할 수 있다.

논리형 스피커는 의사소통의 오류를 줄일 수 있고 구체적인 수치와 통계를 사용해서 말하기 때문에 누군가를 설득하는 힘이 굉장히 크다. 하지만 논리형이 지나치면 친밀감이 없게 느껴지고 말의 내용이 메마르고 단조로워 냉정해 보일 수 있다. 그럼 논리형 스피커의 단점을 보완하려면 어떤 스피치 스타일을 연습해야 할까? 그 해답은 '감성형 스피치 스타일'이다.

감성형 스피치 스타일은 말 그대로 감성을 풍부하게 담아 말하는 스타일로, 논리형의 냉정함을 보완할 수 있다. 그럼 감성형 스피치 스타일은 어떻게 만들어지는 걸까?

말이 아닌 마음을 듣자

　기업에 강의를 나가 "여러분, 사람의 마음은 눈에 보일까요?"라고 물어보면 "아니요. 안 보여요."라고 대답하는 사람들이 대부분이다. 하지만 정말 그럴까? 정말로 마음은 보이지 않는 걸까? 아니면 보려고 하지 않는 걸까? 사실 마음은 보려고 하면 눈에 보인다.

　아이를 키우는 주부의 마음을 이해하지 못하는 남편들이 많다. 남편들은 밖에 나가 누군가에게 인정받고 돈을 벌면서 받는 스트레스 때문에 힘들어한다. 하지만 주부들이 자녀들과 함께 집에서 시간을 보내는 것 또한 고되고 힘들다. 가사家事가 힘든 이유는 2가지다. 첫째는 자녀들과 똑같이 행동하고 생각해야 한다는 것, 둘째는 집안일은 해도 티가 나지 않는다는 것이다. 자녀들 수준에 맞춰 행동하고 사고해야 하며, 본인은 다 할 수 있는 일을 누군가에게 계속 알려줘야 하는 일이 외향성인 주부에게는 참 힘든 일일 수 있다.

　또한 하루 종일 자녀들과 집안일로 고생하다 술을 마시고 늦게 들어온 남편에게 "당신 뭐야? 애는 나 혼자 키워? 지금 몇 시야? 왜 이렇게 요즘 만날 술이야!"라고 말할 때의 마음은 어떤 것일까? 첫째는 '나 요즘 외롭고 힘들어.'이고, 둘째는 '당신이 요즘 매일 술을 마셔서 건강을 해칠까봐 걱정돼.'이며, 셋째는 '당신과 연락이 안 되어서 무슨 일 있는 건가 불안했어.'라는 마음일 것이다. 하지만 남편은 부인의 마음을 알아주기는커녕 "내가 나가서 노냐? 술은 마시고 싶어서 마시는 줄 알아? 네가 나가서 돈 벌래?"라고 함부로 말하기 일쑤다.

이럴 때는 그대로 말로 표현해주면 된다. "당신 너무 힘들지? 내가 요즘 술 많이 마셔서 걱정했지? 연락도 안 되어 불안했고…. 내가 이번 주에 아이들 데리고 목욕탕도 가고 공놀이도 할게. 조금만 더 힘내자."라고 말해보자. 그럼 한결 부드러워진 부인의 표정을 볼 수 있다. 상대방의 말이 아닌 마음을 들여다보자. 그리고 마음을 말로 표현해보자.

1%의 감정에도 공감하자

대학원에서 연말 행사가 있었다. 오랜만에 대학원 사람들 얼굴을 보고 인사를 나누기 위해 행사에 참여했는데 진행자가 "자신이 못생겼다고 생각하는 사람은 나와봐라."라고 하는 것이 아닌가? 행사에 참여하면 대학원 동문회장의 회사 제품인 유명 숙취해소 음료를 선물로 준다는 것이다.

나는 항상 숙취에 시달리는 남편이 생각나 주저 없이 앞으로 나갔다. 그리고 각고의 노력 끝에 숙취해소 음료 한 상자를 선물로 얻었다. 돈을 떠나 내가 남편을 위해 무언가 해냈다는 자부심에 음료수를 냉장고에 넣고, 남편이 술을 많이 마시고 올 날만을 기다렸다. 그러다가 드디어 어느 날 숙취에 시달리는 남편을 보고 당당히 말했다. "이거 마셔봐요. 내가 창피함을 무릅쓰고 '못생긴 여자 선발대회'에 나가 1등해 타온 건데 헛개나무로 만들어서 술이 금방 깰 거예요. 그리고 이거 우리 대학원 동문회장님 회사에서 만드는 거래요. 대단하죠?"

건네준 음료를 마신 남편은 "뭐야? 맛이 왜 이래?"라고 말했다. 난 이 말을 듣고 너무 화가 났다. "어떻게 그럴 수 있어? 내가 당신을 위해 창피함을 무릅쓰고 대회에 나가 타온 거고 우리 대학원 동문회장님 대단하다는 자랑하려고 이야기한 건데 어떻게 이럴 수 있냐고?"

하지만 이 말에 대한 남편의 대답은 더욱 가관이었다. "당신이 나를 위해서 이걸 가져왔다고 했는데, 정말 당신이 나를 위한다면 이런 음료수 말고 북어국을 끓여줬어야지. 그리고 그 동문회장의 회사가 얼마나 대단한데? 그럼 회사 주가표 좀 가져와봐. 연 매출이 얼마야? 그걸 보고 인정하든지 말든지 할게."

아, 가슴이 답답했다. 왜 논리형들은 감성 그대로를 인정하고 바라보지 않을까? 자신의 논리와 이성에 합당하다고 생각하지 않으면 상대방이 내민 감성을 조금도 인정해주지 않는 걸까?

자신의 뜻과 맞지 않아도 누군가가 1%라도 자신의 감정을 표현한다면 그냥 공감해주자. 이렇게 각박한 세상에 1%라도 다른 사람을 생각했다는 것 자체가 큰 의미일 수 있다.

최상급 표현을 자주 사용하자

감성형 스피치 스타일의 사람들에게는 익숙한 단어지만 무엇이든 정확하게 말을 해야 하는 논리형에게는 굉장히 힘든 말이 바로 최상급 표현이다. "새로 오픈한 가게의 김치찌개 맛이 어때?"라는 말에 논리형은 아무리 맛있어도 "응, 괜찮아."라고만 말을 한다. 이때 "정말 맛있어. 내가 지금까지 먹었던 김치찌개 가운데 최고야."라고 과장해서 감성을 표현해보자.

처음에는 쉽지 않겠지만 감정 표현은 하면 할수록 습관이 되어 자연스러워지니 힘들어도 의식적으로 감정을 과장해서 자주 표현해보도록 하자. 작은 습관이 모든 것을 바꿀 수 있다. 이렇게 감성을 자주 담아 말하다 보면 그 작은 감성들이 모여 나중에는 자신의 감정을 풍부하게 표현하는 것이 자연스러워질 것이다.

어떤 논리형들은 "사실이 아닌데 최상의 맛이라고 거짓말을 해도 되는 것이냐?"라고 물을 수도 있다. 물론 엄밀히 따져 거짓말일 수 있지만 김치찌개 맛 하나 정도를 과장해서 말한다고 거짓말쟁이가 되는 것은 아니다. 회사의 매출실적이나 영업전략 등의 프레젠테이션에서 억지로 최상급 표현을 하라는 것이 아니다. 구체적인 사실이나 전략을 말할 때는 논리가 필요하다. 하지만 맛이나 사랑, 감사의 표현 등에는 조금 더 감정을 풍부하게 드러내보자는 것이다.

논리형이 강한 사람일수록 감성 표현에는 인색한 경우가 많으니 조금 더 표현한다고 곧바로 감성이 풍부하게 전달되지는 않을 것이다. 걱정하지 말고 한번 과장되게 감성을 표현해보자. 만약 최고의 맛이라는 표현이 자신의 신념과 상충된다면 "김치찌개가 아주 깔끔하고 시원하네. 먹고 나면 배도 부르고 기분도 좋아져." 정도로 말을 해봐도 좋다.

의성어와 의태어를 자주 사용하자

말을 할 때 의성어와 의태어를 자주 사용하다 보면 말의 감각이 살아난다. 예를 들어 "파도가 서로 부딪친다."라는 말을 할 때

"파도가 서로 철썩철썩 소리를 내며 부딪친다."라고 표현해주면 더욱 맛깔나진다. 소리를 흉내 내는 말인 의성어와 모양이나 상태를 흉내 내는 의태어를 자주 사용해보자.

예를 들어 "내가 오늘 지하철을 타려고 내려가는데 바닥이 굉장히 미끄러운 거야. 미끄덩(의태어) 넘어질 뻔했는데 바로 난간을 잡아서 안 넘어졌지. 그러고 나서 지하철을 탔는데 얼마나 사람이 많은지 내가 쓴 모자가 훌러덩(의태어) 벗겨질 뻔했지 뭐야. 내 앞에 있는 남자는 코를 드르렁(의성어) 골면서 자더라고. 그걸 보다가 내려야 하는 곳에 못 내려서 후다닥(의태어) 뛰어왔다니까."라고 말해보자.

3~4세 정도 아이들의 책을 보면 이런 의태어와 의성어 표현을 훈련하기 위해 따로 적혀 있기도 하다. 3세 때 우리는 의성어·의태어를 사용해야 말이 맛깔나지고 활력이 생긴다는 사실을 이미 배운 것이다. 하지만 지금 표현을 제대로 하지 못하는 건 왜일까?

자신의 감성을 솔직하게 말하자

논리형은 주로 남성들이 자주 보이는 스피치 스타일이다. 많은 남성들이 감성적으로 말하는 것을 힘들어한다. 어렸을 적부터

"사내자식이 어디서 그런 마음 약한 소리를 해. 남자는 그런 말 하면 안 된다. 묵직하고 남자다워야지."라고 들으면서 컸기 때문일까? 자신의 여러 감정을 남들 앞에서는 표현하면 남자답지 못한 것이고, 부끄러운 것이라고 생각하는 경향이 있다.

하지만 남성들이 40~50대를 지나 60~70대가 되면 달라진다. 40대 초반부터 남성 호르몬(테스토스테론)이 줄어들고 여성 호르몬(에스트로겐)이 나오면서 감성이 풍부해지지만 그전에 감성을 표현하는 방법을 배우지 못하면 누군가와 감성을 나누지 않고 그 외로움을 온전히 스스로 감내하는 경우가 많다.

스피치 스타일을 진단해보면 50대 이상에서 감성형 스피치 스타일이 많이 나온다. 하지만 감성을 표현하면 안 된다고 배웠던 남성들이기에 더욱 약해진 지금의 감성을 표현하지 못하는 경우를 볼 수 있다. 나쁘면 나쁘고, 좋으면 좋다고 감성을 솔직하게 표현하는 연습이 필요하다.

정보 전달이 아닌 이야기로 말하자

말을 할 때 정보만 전달하기보다는 그 내용에 이야기를 넣어 살을 붙이는 연습을 해본다. 이야기는 상대방의 머릿속에 딱 달라

붙어 떨어지지 않는 힘이 있다.

예를 들어 "페이스북 사용자 600명에게 어떤 종류의 사진이 올라왔을 때 스트레스를 받는지 물었더니 1위가 바로 여행 사진이었다고 합니다."라고 정보만을 전달하는 것보다 "여러분, 요즘 SNS 많이 하시죠? SNS를 하다 보면 기분이 좋아지기보다 괜히 남들이 부러워지고 내 삶이 더 힘들게 느껴질 때가 있잖아요. 페이스북 사용자 600명을 조사한 결과 사람들이 페이스북을 하면서 스트레스를 많이 받는다고 해요. 특히나 지인의 여행 사진을 봤을 때 부러움이 폭발했다고 하네요."라고 말하는 것이 훨씬 더 많은 사람들의 머릿속에 기억될 것이다.

아마 감성형이 짙은 스피커는 이 말을 "여러분, 다른 사람 SNS 보면 부러울 때가 많죠? 저는 페이스북을 할 때마다 우울해지기까지 한다니까요."라며 말을 끝낼 수 있다. 이렇게 대충 감성적으로만 말하는 것도 옳지 않다. 자신에게 주어진 자료를 구체적으로 십분 활용하지 못했기 때문이다.

그래서 논리형의 사람들은 구체적인 자료에 감성이라는 살을 붙여 스피치를 하면 남들보다 더욱 좋은 스피치를 하게 될 가능성이 크다. 구체적인 자료를 활용하되 여기에 감성을 넣어서 부드럽게 표현하는 것이다.

자신의 경험담을 상대방에게 노출하자

일상적인 대화에서는 상대와 자신의 경험담을 나누더라도 퍼블릭 스피치에서 자신이 경험한 내용을 말하는 것에 대해 거부감을 갖는 논리형 스피커가 많다. '공식적인 자리에서 내 이야기를 해도 될까?'라고 생각하는 것이다. 물론 자신의 개인적인 이야기와 과학적이지 않은 경험을 아무렇게나 말하는 것도 좋지 않다.

예전에 한 국제디지털포럼에 한 사회자가 오프닝에서 자신의 이야기를 했는데, 국제적인 행사의 오프닝으로는 적절하지 않았다. '창의력'이라는 주제의 이 디지털포럼에 사회자가 "여러분은 언제 창의력을 떠올리시나요? 저는 화장실에서 주로 아이디어를 떠올립니다."라는 말로 스피치를 시작하는 것이 아닌가? 물론 이 말에 대해서는 100% 공감하지만 국제적인 행사의 오프닝 에피소드로는 적절하지 않아 실망했던 기억이 난다. 분위기가 진지한 공식적인 행사이거나, 본인보다 연령대가 한참 높은 청중이 있거나, 말하는 사안이 보수적이고 중대한 일이라면 개인의 경험을 넣어 말하는 것은 적절하지 않다.

하지만 여러분도 한번 생각해보라. 이런 기회보다 사람들과 대화를 나누고 간단히 회사 내 보고를 하고 고객에게 설명회를 하는 등의 좀더 가벼운 스피치를 할 기회가 더 많지 않은가? 적절한 개인 경험담을 말할 수 있는 상황이 우리에게는 더 많으니 어려워하지 말고 개인의 경험담을 타인에게 노출해보자.

얼마 전 누군가와 골프를 쳤을 때 일어난 사건이나 요즘 경험했던 것 가운데 굉장히 재미있었던 일 등 소소한 것을 퍼블릭 스피치에서는 말하면 안 된다고 생각하는 사람들이 많지만, 절대 그렇지 않다.

사람들은 연사의 개인적인 경험을 통해 그 사람이 어떤 사람인지 유추할 수 있다. 자신의 경험담을 적절히 이야기하면 친밀감도 형성할 수 있다. 하지만 꼭 하지 말아야 하는 이야기가 있다. 정치적인 이야기, 야한 이야기, 종교 이야기, 비속어다. 이런 이야기들은 청중의 다양성과 개인의 품격에 도움이 되지 않기 때문에 절대 사용해서는 안 된다.

개인적인 이야기를 꼭 해보자. 이러한 경험이 쌓이면 '아, 이 정도는 할 수 있는 거구나. 이런 이야기는 하지 말아야 하는 거구나.'라는 기준도 깨닫게 될 것이다. 물론 개인적인 이야기를 다른 사람 앞에서 말하는 것은 쉽지 않다. 일단 관찰력을 키워 자신이 어떤 것을 경험했는지 알아야 하고, 이것을 주저리주저리 늘어놓지 않을 수 있도록 리허설을 해야 하며, 본인이 말하고자 하는 메시지와 이 경험담이 어떤 관계가 있는지 점검해봐야 한다.

그런데 이런저런 생각을 하다 보면 두려움이 커져 더욱 말을 못할 수 있다. 그냥 행동으로 옮겨보자. 개인적인 경험담을 주저하지 말고 말해보자.

감성형으로 말하는 사람을 관찰하고 따라해보자

주변에 과장해서 말하는 사람들, 자신의 감정을 솔직하게 웃고 울며 표현하는 사람들을 보고 따라해보자. 성공하는 사람에게 있는 능력은 바로 모방이다. '모방은 창조의 어머니'라고 하지 않던가? 주변에 논리적으로 말하는 사람들보다 감성적으로 말하는 사람들을 자주 만나고 따라해보자. 또한 감성을 자극받을 수 있는 책이나 영화를 보는 것도 좋다. 그럼 무뎌진 감성이 점차 열리는 경험을 하게 될 것이다.

마치 우리의 뇌가 우뇌와 좌뇌로 이루어져 있는 것처럼 논리와 감성은 좋은 스피치를 하기 위해서는 반드시 필요한 부분이다. 어느 한쪽으로 치우치지 말고 자신의 말에 논리와 감성을 조화롭게 담아 균형을 이루어보자.

학창시절 체육 시간에 평형대에 올라간 경험이 떠오른다. 좁고 긴 평형대에서 두 팔을 벌려 끝에서 끝까지 조심스럽게 갔던 그때만 해도 몰랐다. 인생에도 평형대가 있다는 사실을 말이다. 배려가 중요하지만 한편으로는 눌러야 하고, 논리가 중요하지만 한편으로는 감성적이어야 하며, 성실도 중요하지만 스스로 여유를 갖는 것도 중요하고, 미래뿐만 아니라 현재도 중요하다는 사실 말이다. 마치 인생의 평형대에서 좌우 어느 곳으로도 떨어지지 않도록 조심해야 한다는 사실을 가슴으로 느끼며 살게 된다. 인생의 평형대에서 여러분은 얼마나 균형을 잘 잡고 있는가?

"감성을 풍부하게 담아 논리형 스피치 스타일의 냉정함을 보완하자."

3장의
핵심 내용

1. 논리형 스피치 스타일의 장점

- 말이 군더더기 없이 깔끔하다.

- 의사소통의 오류를 최소화할 수 있다.

- 구체적인 증거가 있으므로 반박하기 어렵다.

- 신뢰감이 있다.

- 말의 기승전결이 확실해 정돈된 느낌이 든다.

- 주어진 시간을 잘 지킨다.

2. 논리형 스피치 스타일의 단점

- 재미가 없다.

- 상대방의 감정을 헤아리지 못하는 경우가 있다.

- 논리적인 근거가 부족할 경우 상대방을 설득하기 어렵다.

- 청중이 스피치 내용을 기억하지 못할 수 있다.

- 말이 무미건조해 말하는 사람의 매력을 느낄 수가 없다.

나는 개인적으로 감성형 스피치 스타일을 정말 사랑한다. 스피치를 잘하는 사람들을 분석하면 대부분 감성형인 경우가 많다. 마음에 감성이 풍부하기 때문에 무슨 이야기를 해도 청중에게 재미있게 들리기 때문이다. 하지만 감성형은 지나치면 뜬구름 잡는 말을 하는 것 같은 느낌을 줄 수 있고, 만약 스피치에 긍정과 부정의 감정을 넣어 표현할 때 상대방이 그 감정을 받아주지 못하면 서로 굉장히 어색해질 수 있다. 사랑만 해도 모자란데 요즘 사람들은 부정의 감정에 비해 긍정의 감정을 노출하는 것을 많이 부끄러워한다. 이제 감성을 꺼내 행복한 소통을 해보자.

4장

감성형 스피치 스타일

감성형 스피치 스타일
체크리스트

감성형 스피치 스타일은 공감 능력에 탁월하며 감정 표현이 풍부하지만,
때로는 매우 예민해 감정의 기복을 보이기도 하는 유형이다.

감성은 자극이나 자극의 변화를 느끼는 성질을 말한다. 감성형
스피치 스타일의 사람들은 감정 표현이 자유롭고 솔직하다. 감정
표현이 다양하기 때문에 그 어떤 이야기를 해도 굉장히 재미있게
들린다.

　감성형 스피치 스타일의 사람들은 '공감'이라는 탁월한 능력을
갖고 있다. 풍부한 감성으로 어떤 사람을 만나든 공감하고 배려해
준다. 하지만 기분에 따라 기복이 심하다. 기분이 좋을 때는 한없
이 긍정적이지만 기분이 좋지 않으면 한없이 우울하거나 부정적
인 경향을 보인다. 또한 이성보다는 감성이 강하기 때문에 무슨

일이 생기면 이성적으로 문제를 해결하기보다는 자신의 다친 마음을 먼저 표현하는 유형이다.

예를 들어 "왜 보고서를 이렇게 작성했어? 누가 이렇게 하라고 했냐고? 도대체 생각이 있는 거야, 없는 거야?"라는 상사의 질책에 '아, 나의 보고서가 잘못되었구나.'라고 이성적으로 생각하기보다는 '저 부장은 왜 나한테만 잔소리하는 거야. 아, 스트레스받아. 회사 그만두고 싶다.'라고 감정적으로 받아들일 수 있는 유형이다. 감성이 풍부한 만큼 예민하기도 하다.

[감성형 스피치 스타일 진단지]

다음의 항목에 '그렇다' 또는 '아니다'로 답하시오.

1. 감성적인 단어를 많이 사용한다.
2. 감정의 기복에 따라 스피치가 잘 되기도 하고 안 되기도 한다.
3. 청중의 감정을 잘 알아차린다.
4. 청중을 웃고 울리는 스피치를 하고 싶다.
5. 일화나 예시를 넣어 말하는 것이 좋다.
6. 구체적인 묘사를 잘한다.
7. 칭찬을 잘한다.

8. 다른 사람의 말을 잘 경청하는 편이다.

9. 다른 사람의 말에 맞장구를 잘 치는 편이다.

10. 감성이 풍부하다는 말을 자주 듣는다.

: 결과 :

- '그렇다'가 9개 이상: 완벽한 감성형이지만 다른 스피치 스타일과 균형도 필요함

- '그렇다'가 6개 이상: 감성형을 갖고 있으며 다른 스피치 스타일과 균형을 이루는 것이 좋음

- '그렇다'가 3개 이상: 일상적인 대화에 어려움을 겪을 수 있으며 감성형의 보완이 필요함

- '그렇다'가 3개 미만: 일상적인 대화가 어려우며 감성형을 반드시 보완할 필요가 있음

'그렇다'가 9개 이상 나왔다면 당신은 정말 어떤 말도 맛깔나게 하는 사람일 것이다. 주변에 사람이 많으며 항상 누군가와 공감하고 소통하는 데 일가견이 있다. 진단에서 '그렇다'가 6개 이상 나왔다면 아주 이상적이다. 당신은 의사소통에 어려움이 없는 사람

일 것이다. 그러나 이 진단에서 '그렇다'가 3개 이하로 나왔다면 문제는 심각하다. 개인 간의 대화inter-personal communication를 어려워할 가능성이 크다. 상대방과 대화에서 지식만 나누는 것이 아니라 자신의 생각과 감정을 노출해 효과적인 소통을 할 수 있도록 노력해야 한다.

감성형이 적게 나온 분들을 생각하면 마음이 아프다. 마음이 행복하지 않거나, 아니면 행복하나 그런 감성을 표현할 기회가 별로 없었을 가능성이 크기 때문이다.

"지금 나의 스피치 스타일은 감성적인가?"

감성형 스피치 스타일의 특징

감성형 스피커는 스피치를 재미있고 흥미롭게 하지만
퍼블릭 스피치에서 비논리적이 될 수 있으므로 주의해야 한다.

스피치를 가장 재미있게 하는 유형은 감성형 스피치 스타일이다. 감성형 스피커는 굉장히 말을 재미있게 한다. 예를 들어 길을 가다가 배우 김수현을 만났다고 해보자. 이때 그냥 "김수현을 만났다."라고 단조롭게 말하는 것이 아니라 "있잖아, 내가 오늘 누구를 만났는지 알아? 오늘 정말 일기라도 써서 기록에 남겨야 해. 오늘은 완전 특별한 날이야. 세상에, 내가 길에서 이 사람을 만날 줄 어떻게 알았겠어? 내가 오늘 누구를 만났냐면…."이라고 말하는 것이다.

청자가 보기에 약간 과장되게 말하는 스타일이 바로 감성형 스피치 스타일이다. 하지만 이러한 감성이 진지하게 보이지 않을 수도 있고 논리형의 청자라면 화자가 너무 호들갑스럽다는 느낌을 줄 수도 있다. 그럼 감성형 스피치 스타일의 특징에는 어떤 것이 있을까?

스피치의 내용이 아주 재밌다

제주도 시청에서 강의가 있어 혼자서 제주도를 2박 3일 동안 다녀온 적이 있다. 강연이 끝나고 남는 시간에 배낚시를 하러 갔다. 혼자서 조용히 음악을 들으며 낚시를 하고 있는데 갑자기 주변이 소란스러워졌다. 같은 배 안에 친구들끼리 함께 여행 온 듯한 여성분들이 갑자기 소리를 지르는 것이 아닌가. "돌고래야, 돌고래! 돌고래가 나타났어!"

말 그대로 바다에 돌고래가 나타난 것이다. 4마리의 돌고래 가족이 유유히 제주 바다를 헤엄치는 것을 보며 '이렇게 해안과 가까운 곳에서도 돌고래가 나타나는구나.'라는 생각만 들고 특별하게 느껴지지는 않았던 나와 달리, 그분들은 기쁨의 소리를 지르고 연신 사진을 찍었다. 그분들의 소리에 돌고래가 놀라지 않았을까 걱정이 될 정도였다. 순간 그 여성분들을 보며 참 부럽다는 생각이 들었다. '돌고래만으로도 저렇게 행복해질 수 있다니. 난 왜 이렇게 진지한 거지? 언제부터 진지해진 것일까?'

쇼핑호스트들 가운데는 감성형 스피커가 많다. 수분크림을 하나 팔더라도 듣는 사람의 귀가 솔깃하게 이야기한다. "어쩜 이렇게 흡수가 잘되는 수분크림이 있을 수 있죠? 정말 얼마나 좋은지 말로 표현할 수가 없어요. 진짜 바르자마자 피부 안으로 쏘옥 흡수되는 게 눈에 보인다니까요. 아무리 겨울에 논바닥처럼 쩍쩍 갈라지는 얼굴이라도 이거 바르면 바로 수분감이 가득해진다니까요." 이렇게 감성적으로 몰입해서 말하니 '대단한 상품을 파는 것 같다.'라는 생각이 들면서 내용에 집중할 수밖에 없다.

감성형의 사람들은 이야기를 굉장히 재미있고 흥미롭게 말하기 때문에 청중들이 저절로 몰입된다. 말을 굉장히 재미있게 하는 주변 사람을 떠올려보자. 자신이 하고자 하는 말에 감정을 몰입해 어조나 보디랭귀지를 자유자재로 표현하는 사람일 것이다.

대화에 능해 주변에 사람이 많다

감성형 스피치 스타일은 공감하는 데 탁월한 능력이 있다. 자신의 감정이 풍부하기 때문에 다른 사람의 감정도 한눈에 알아차리고 그 감정을 아낌없이 나누기 때문이다.

우리가 하는 스피치는 크게 2가지 유형으로 나뉜다. 공식적인 상황의 말하기인 퍼블릭 스피치와 일상적인 말하기인 개인 간의 대화다. 이 2가지를 하는 목적은 엄연히 다르다. 프레젠테이션과 보고, 강의 등의 퍼블릭 스피치는 누군가를 자기 편으로 만드는 '설득'을 주목적으로 한다. 하지만 대화는 설득이 아니라 서로 간의 '감정교류'가 주목적이다.

즉 대화를 할 때는 반드시 서로 간의 감정교류를 먼저 해야 한다. 당신의 자녀가 "아빠, 저녁 몇 시에 먹어?"라고 물어보았다고 가정해보자. 이성적인 아버지라면 "그걸 왜 아빠한테 물어봐. 엄마한테 가서 물어봐." 또는 "항상 7시에 먹잖아. 그걸 왜 물어보니?"라고 답할 것이다. 하지만 감성형의 아버지들은 자녀가 왜 이 질문을 하는지 그 마음을 살펴 "왜? 배고프니?"라고 먼저 묻는다.

대화를 하는 이유는 이성적으로 나를 설득해달라는 것이 아니라 나의 마음을 공감해달라고 하는 것이다. 또 다른 예를 들어보자. 집에 갔더니 부인이 남편에게 "여보, 유정이 엄마 있잖아, 내가 전에 완전 짠돌이라던…. 글쎄, 지난번에도 내가 밥 샀는데 오늘도 내가 밥 샀다? 신발 끈 묶는 척하면서 또 돈을 안 내는데 너무 화가 나더라."라고 말한다. 이때 감정교류를 아는 남편이라면 "아휴, 이번에도 또 그랬어? 당신 너무 서운하겠다. 나 같아도 화가 나겠다."라고 말해줄 것이다. 하지만 아쉽게도 대부분의 남편들은 아내가 말을 꺼낸 이유를 알아채지 못하고 이렇게 말할 것이다. "그러게 내가 당신한테 뭐라고 그랬어? 그 아줌마 만나지 말라고 했지? 다시 만나기만 해봐!"

대화의 주목적을 모르는 사람은 하수下手다. 대화는 상대방을 설득하는 것에 목적이 없다는 점을 기억하자. 대화의 최우선 목적은 바로 감정교류다. 감성형 스피커는 이를 본능적으로 알기에 사람들을 설득하려고 하지 않고 감성을 나누는 데 능하다. 그래서 힘들어하는 사람들에게 큰 위로를 해주고 공감해주므로 늘 주변에 사람이 많다.

누군가를 흉내 내는 연기에 능하다

감성형 스피커는 행복이 온 몸에 흐르는 사람들이다. 행복한 마음이 많기에 자신이 관심 있는 분야를 굉장히 집중해서 바라볼 수 있는 능력을 갖고 있다.

만약 내가 tvN에서 방영했던 드라마 〈미생〉을 보았는데 그 중에 한 장면이 굉장히 마음에 들었다고 치자. 감성형 스피커는 마치 연기하듯이 그 내용을 똑같이 묘사해 대사까지 따라하며 생생

하게 표현한다. 감성형 스피커는 말 안에 따옴표까지 넣어 말한다. "내가 오랜만에 〈미생〉을 봤는데 오 차장이 '회사가 전쟁터라고? 밀어낼 때까지 그만두지 마라! 밖은 지옥이다.' 이렇게 말하는 거야." 그리고 오 차장의 눈빛과 표정, 그리고 목소리까지 그대로 재연해 이야기할 것이다.

연기자도 아닌데 어쩜 그렇게 상황을 자연스럽게 재연할 수 있는지 신기할 정도다. 어젯밤에 미처 보지 못한 TV 드라마를 표정연기까지 넣어 맛깔나게 재연해주는 친구가 주위에 꼭 한 명씩 있지 않았는가? 그런 친구들이 바로 감성형 스피커다.

청중에게 감정을 솔직하게 표현해 친밀감을 형성한다

감성형 스피커는 감성에 굉장히 솔직하다. 자신이 지금 어떤 마음인지 상대방에게 여실히 드러낸다. "앞에 나와 말하기가 참 어렵다."라고 힘들어하는 사람에게 나는 "당신은 솔직하지 않아 말을 하기 어려운 겁니다."라고 조언해주는 경우가 있다. 자신의 감정을 청중에게 그대로 솔직하게 표현하지 못하는 사람들은 자꾸 그 외의 다른 이야기를 해야 하기 때문에 더욱 말이 나오지 않는 것이다.

감성형 스피커는 아무리 감정을 감추려고 해도 얼굴에 그대로 드러난다. 상사의 핀잔을 들을 때도 붉으락푸르락하는 자신의 표정을 감추지 못한다. 포커페이스가 되지 못해 난처한 경우도 있지만 그래도 좋으면 좋다, 싫으면 싫다, 떨리면 떨린다고 솔직하게 말하기 때문에 어찌 보면 순수한 사람들이다. 자신의 경험과 그 경험으로 어떤 감정을 느꼈는지를 충실히 말하기 때문에 진실되고 감동적인 이야기를 할 수 있다.

구체적이지 않아 보일 수 있다

감성형 스피커의 최대 약점은 비논리적이라는 것이다. 구체적인 수치와 통계를 근거로 갖추지 않고, 오로지 자신이 경험한 느낌과 감정, 생각을 근거로 말하기 때문에 과학적이지 않다는 맹점이 있다.

개그 프로그램을 보면 실컷 웃고 즐기다가도 뒤돌아서면 마음이 휑한 느낌이 들 때가 있다. 감성형 스피커의 말도 마찬가지다. 울고 웃으며 한참을 즐겁게 말한 것 같지만 알맹이가 없어 공허하게 느껴질 수 있다. 특히나 긍정이 아닌 부정의 감정을 서로 나누었을 때는 오히려 '아, 스트레스를 풀려고 이야기했는데 왜 머리가 더 아픈 거지? 스트레스가 더 쌓인다, 쌓여.'라는 생각이 들 수 있다.

청중과 감성 일치에 실패하면 뜬금없는 스피치가 될 수 있다

GS홈쇼핑 쇼핑호스트 시절, 신입사원으로 입사해 GS그룹 연수에 참여했다. 일주일 동안의 힘든 연수가 끝나고 마지막 날에 한 강의가 지금까지도 기억에 남는다. 장애를 앓고 있는 배우자를 힘들게 돌본 이야기였는데, 그때의 나에게 감성의 일치가 일어나지 않았다. 신입사원 연수를 간 나에게는 무언가 새롭게 시작하는 동기부여, 직장인의 태도, 조직생활에 잘 적응할 수 있는 의사소통 기법 등 실용적이고 구체적인 조언이 담긴 교육이 필요한데 이런 감성적인 강연을 듣고 있자니 마음이 너무 불편했다.

이처럼 화자와 청자 간의 감정 불일치로 황당했던 경험이 여러분에게도 있을 것이다. 대화를 하다가 갑자기 울음을 터트리는 후배, 별로 웃기지 않은 이야기에 박장대소하는 사람, 화를 낼 상황이 아닌데 갑자기 욱하는 사람들을 만났을 때 말이다. 이런 사람들의 대부분은 '감성형' 스피커일 가능성이 크다.

무대공포가 심하다

감성형 스피치 스타일의 사람들은 기본적으로 마음이 약해 퍼블릭 스피치에 대해 두려워하거나 무서워하는 경우가 많다. 자신의 스피치가 잘 준비되지 않았다고 생각하거나 상대방이 자신의 이야기에 집중하지 않는 모습을 보면 급격히 무너진다.

직장 내에서도 이야기를 잘 하다가도 상사가 "그게 무슨 말이야? 자세히 말해봐."라는 말만 해도 당황하고 길을 잃어버리는 스타일이다. 스몰토크에서는 감성형이 큰 강점을 보이는 반면 공식적인 자리의 스피치에서는 감성이 오히려 중심을 잃어버리게 만들 수 있다.

논리형인 청자는 감성형 스피커에 집중하지 않는다

논리형인 청자는 감성적으로만 말하는 청자를 좋아하지 않는다. 비논리적으로 뜬구름 잡는 말을 하고 있다고 생각하기 때문이다. 구체적인 수치와 통계, 과학적인 근거 없이 개인의 체험으로만 이루어진 통찰을 말하다 보니 신뢰하지 않는 것이다.

요즘 기업에서 여성 임원의 수가 많아지면서 남성 리더와 소통하는 데 힘들어하는 부분이 이것이다. 대부분의 남성들은 논리와 이성을 중시하는 데 반해, 여성들은 비교적 감성적인 측면이 잘 발달되어 있다. 그래서 보고를 할 때도 "내용이나 근거가 구체적이지 않고 논리적이지 않다."라는 말을 듣는 여성 임원들이 많다. 남성 리더와 소통할 때는 감성이 아닌 논리에 집중하자.

감성형이 강한 사람들은 교육을 받으면서 눈물을 흘리는 경우가 있다. 자신의 감정에 북받쳐 눈물을 흘리는 것이다. 마음이 약하고 감성이 풍부해서 그렇다. 나도 드라마를 보면서 너무 운 바람에 다음 날 눈이 부어 강의를 제대로 하지 못했을 정도로 감성이 풍부한 편이다.

그런 나를 보며 어머니는 "주책맞게 드라마를 보고 왜 우니?"라고 타박한다. 논리형인 어머니에게는 감성형의 딸이 잘 이해가 되지 않는가보다. 감성형의 사람들이 논리적인 모습을 갖기란 정말 어려운 일일까?

물론 훈련하면 둘 다 얻을 수 있다. 하지만 먼저 자신이 어떤 유형인지, 그리고 다른 유형이 틀린 것이 아니라 다른 것임을 인정하는 자세가 필요하다.

감성형 스피치 스타일을 강화하면서 다른 스타일로 나의 스피치를 보완할 방법을 지금부터 알아보자.

"감성형 스피커는 사람을 행복하게 해준다."

감성형 스피치 스타일을
강화하는 방법

본인이 가진 감성을 마음껏 표현해보자. 감성형 스피치 스타일 훈련에는
감정 단어, 셀프토크, BAAPC, 경청, 칭찬 등이 도움을 준다.

　　나의 경우 스피치 스타일을 진단해보면 감성형과 관계형이 굉장히 높게 나온다. 그래서 논리보다는 감성이 앞서는 사람이라 스피치 강사로의 삶에는 굉장히 큰 행복을 느끼지만 사업이나 경영 분야에서는 매우 괴로움을 느끼는 사람이다. 그래서 사업이나 경영 대신에 내가 좋아하고 사람들이 좋아하는, 가치 있는 일을 하자고 생각한 감성적인 측면이 지금의 나를 만들어준 게 아닐까 싶다.

　　감성형이 강한 사람들이 살기에는 요즘의 세상은 너무나 빡빡하다. 웃고 싶어도 사람들이 웃음을 받아주지 않고, 울고 싶어도

이것 역시 받아주는 이 하나 없으니 더욱 외롭고 쓸쓸하다. 그렇다고 해서 감성을 완전히 버리고 이성을 택해서는 안 된다. 아무리 이성적인 말도 결국 상대방의 마음을 거슬리게 하면 그 사람을 온전히 설득할 수 없기 때문이다.

감성형의 점수는 낮게 나오고 논리형의 점수가 높게 나왔다면 감성형을 강화해보자.

감정 단어에 익숙해지자

요즘 아이들을 보면 자신의 감정을 굉장히 단순하게 표현한다. 기분이 좋으면 "대박!", 잘 모르겠으면 "헐!", 기분이 좋지 않으면 "짜증 나!"로 감정 표현이 끝난다.

안타깝게도 많은 사람들이 자신의 감정이 어떤지 구체적으로 이름을 붙여주지 못한다. 그래서 어떤 감정을 느낄 때마다 '이게 뭐지? 내 마음이 뭐지?' 하며 점점 감정을 표현하기 혼란스러워하는 경우가 많다.

다음의 감정 단어를 눈으로 읽거나 소리 내어 읽어보자. 그럼 자신의 감정에 대한 단어를 알 수 있어 한결 솔직하게 감정을 표현할 수 있을 것이다. 감정을 표현하는 데는 굉장히 다양한 단어가 존재한다. 다음의 감정 단어를 소리 내어 읽고 지금 본인의 마음은 어떤지 감정에 이름표를 붙여주자.

[다양한 감정 단어]

: 기쁨(喜) :

감격스러운, 감동적인, 감사한, 고마운, 고무적인, 기쁜, 낙천적인, 날아갈 듯한, 놀라운, 눈물겨운, 든든한, 만족스러운, 뭉클한, 반가운, 벅찬, 뿌듯한, 살맛 나는, 시원한, 싱그러운, 좋은, 짜릿한, 쾌적한, 통쾌한, 포근한, 푸근한, 행복한, 환상적인, 후련한, 흐뭇한, 흔쾌한, 흥분된

: 노여움(怒) :

가혹한, 고통스러운, 골치 아픈, 괘씸한, 괴로운, 구역질나는, 기분이 상한, 꼴사나운, 끓어오르는, 나쁜, 노한, 떫은, 모욕적, 무서운, 배반감, 복수심, 북받친, 분개한, 분노, 불만스러운, 불쾌한, 섬뜩한, 소름 끼치는, 속상한, 숨막히는, 실망한, 쓰라린, 씁쓸한, 약 오르는

: 슬픔(哀) :

가슴 아픈, 걱정되는, 고단한, 고독한, 고민스러운, 공허한, 괴로운, 구슬픈, 권태로운, 근심되는, 낙담한, 두려운, 마음이 무거운, 멍한, 뭉클한, 미어지는, 부끄러운, 불쌍한, 불안한, 불편한, 불행한, 비참한, 비탄하는, 서글픈, 서러운, 섭섭한, 소외된, 속상한, 애도하는, 애끓는

: 즐거움(樂) :

가벼운, 가뿐한, 경쾌한, 고요한, 기분 좋은, 명랑한, 밝은, 산뜻한, 상쾌한, 상큼한, 신나는, 유쾌한, 당당한, 즐거운, 쾌활한, 편안한, 평온한, 홀가분한, 확신 있는, 활발한, 흐뭇한, 흥분된, 희망찬

: 사랑(愛) :

감미로운, 고마운, 그리운, 다정한, 따사로운, 묘한, 뿌듯한, 사랑스러운, 상냥한, 수줍은, 순수한, 애틋한, 열렬한, 열망하는, 친숙한, 포근한, 호감이 가는, 흡족한

예를 들어 직장의 부하직원이 몸이 아파 오늘 늦게 출근하겠다는 전화를 했다고 가정하자. "무슨 소리야? 지금 이렇게 전화를

할 정도면 쓰러진 건 아니네. 빨리 와!"라고 말을 하면 상대방은 마음에 크게 상처를 받을 것이다. 이때 상대방의 마음을 한번 살펴보고 그 사람이 느끼고 있는 감정에 이름표를 붙인 뒤 그 말을 다시 해주자. "이 대리, 몸이 많이 아파서 어떡해. 출근을 못 해서 자네 마음도 불편하지? 일도 걱정될 거고…. 내가 사회생활을 해 보니까 말이야. 아프지만 억지로라도 출근해서 부장님 얼굴 뵙고 조퇴해 병원에 가는 게 마음은 훨씬 편하더라. 어때? 출근할 수 있겠어?"라고 말을 해보자.

나에게는 너무나 멋진 두 아들이 있다. 이제 4세가 되는 쌍둥이 가온과 시온이다. 어느 날 아이들을 봐주시는 친정어머니와 언성을 높여 대화한 적이 있다. 그러자 평소 뽀로로를 좋아하지 않던 가온이가 내게 다가와 "엄마, 뽀로로 보고 싶어."라며 칭얼대는 것이 아닌가? 그냥 말만 들었으면 "갑자기 무슨 뽀로로야? 지금 엄마랑 할머니가 이야기하잖아. 저기에 가서 앉아 있어."라고 말을 했을 것이다.

그때 가온이의 마음이 눈에 들어왔다. "엄마가 할머니랑 크게 말하니까 불안하니?" 그러자 가온이는 그렇다고 고개를 끄덕였다. "엄마가 가온이를 불안하게 했구나. 지금 할머니와 소리 높여 말을 했는데 이제는 그러지 않도록 해볼게." 이렇게 말하자 가온이는 더이상 뽀로로를 틀어달라고 떼쓰지 않고 자리로 돌아갔다.

아이건 어른이건 마찬가지다. 상대방이 느끼는 불편한 마음, 일을 못 끝내 걱정되는 마음까지 살펴준다면 누군가를 설득하는 것이 그리 어렵지 않을 것이다.

셀프토크를 시도하자

상대방의 마음을 보는 노력도 필요하지만 일단 본인 마음도 주체를 못 하는데 상대방의 마음이 눈에 들어올 리는 없다. 자기 안의 평화가 있어야 다른 사람의 마음도 볼 여유가 생기는 것이다.

자, 먼저 자기 마음을 바라보는 방법에 대해 알아보자. 그것은 바로 '셀프토크self talk'다. 나에게 말해주는 것이다. 무슨 말을 해주는 것이냐면 바로 '나의 마음'을 스스로에게 말해주는 것이다.

스피치 아카데미를 운영하면서 많은 직원들과 만나고 헤어졌다. 퇴사를 결심한 직원들에게 심경을 묻자 대부분 "잘 모르겠어요."라고 했다. 자기도 자신의 마음을 잘 모르겠다는 것이다. 혼돈은 성장하고 있다는 증거다. 무언가 일을 할 때 혼란과 혼돈을 겪고 나면 한 단계 더 성장한 것을 느낄 수 있다. 그러나 사람들은 그 혼돈이 싫어 다시 안정적인 낮은 단계로 내려가려고 한다.

그러나 '내가 지금 성장하려고 애쓰고 있구나.' '내가 지금 인정받기 위해 노력하고 있구나.'라고 자신의 감정을 나에게 말해주면 혼돈이 정리될 수 있다. 자신의 감정을 솔직하게 표현하지 못하는 사람들은 보통 마음속에 부정적인 마음이 가득하기 때문인 경우가 많다. 자신이 갖고 있는 부정적인 마음, 불편한 마음을 표현하고 싶지 않아 오히려 자신의 감정을 말하지 못하는 것이다.

자신의 마음이 부정으로 가득 차 있으면 상대방과 감정을 나눌 힘이나 상대방의 마음을 챙겨줄 여유가 생기지 않는 것은 당연하다. 감성형 스피치 스타일을 구사하려면 평소 자신의 스트레스를 관리해 긍정적인 마음으로 바꾸는 것이 중요한데, 이때 필요한 것이 바로 셀프토크다. 셀프토크는 스트레스를 개선하는 데 아주 효과적이다.

[셀프토크 방법]

외부의 자극으로 스트레스가 생겼을 때는 다음의 순서에 따라 셀프토크를 진행한다.

첫째, 문제가 아니라 마음을 보라.
둘째, 감정을 오지선다형으로 나열하라.
셋째, 덜커덕거리는 감정을 선택하라.

넷째, 나에게 그 감정을 말해준다.

다섯째, 이 감정에서 벗어나려면 무엇을 해야 할지 생각하라.

라온제나 스피치 아카데미가 신촌점을 오픈한 지 6개월 정도
되었을 때의 일이다. 신촌점 센터장의 소임을 누구에게 맡겨야 할
지 고민하다 아나운서 시절을 함께했던 동기에게 부탁했다. 마침
아카데미에서 강사로 일을 하고 있던 터라 신촌점 센터장으로 발
령을 내고 지켜보았다.

역시 나의 선택은 탁월했다. 부드럽고 신뢰감 있는 이미지로
신촌점을 빠르게 안정화시켰다. 그런데 6개월 정도 지났을 때쯤
갑자기 "센터장의 자리를 내려놓고 아나운서로 돌아가고 싶어요."
라고 말하는 것이 아닌가?

신촌점 센터장이 일에 집중할 수 있도록 출퇴근 시간과 급여면
에서 많이 배려해주었는데 이런 결정을 한 센터장에게 서운하기
도 했다. 집에 돌아와 곰곰이 생각해봐도 서운한 감정이 안정되지
않았다. 그때 내가 한 것이 바로 셀프토크다.

[셀프토크의 실제 적용]

첫째, 문제가 아니라 마음을 보라.

→ 센터장이 나에게 센터장을 그만둔다고 말을 했다. 나는 상처를 받았다.

둘째, 감정을 오지선다형으로 나열하라.

→ ① 나는 센터장에게 화가 난다. ② 나름 많이 배려해주었는데 서운하다. ③ 센터장에게 언니로서 섭섭하다. ④ 갑자기 이야기를 해서 당황스럽다. ⑤ 신촌점의 미래가 불안하다.

셋째, 덜커덕거리는 감정을 선택하라.

→ 5개의 감정 가운데 나의 진짜 감정은 서운하고 섭섭한 마음이 아니라, 바로 '신촌점의 미래가 불안하다.'라는 감정이다. 처음에 생각했던 서운하고 섭섭한 것이 진짜 내 감정이 아니었다.

넷째, 나에게 그 감정을 말해준다.

→ 나는 나에게 "너 굉장히 불안하지? 앞으로 신촌점의 미래가 어떻게 될지 불안한 거야."라고 말해준다.

다섯째, 이 감정에서 벗어나려면 무엇을 해야 할지 생각하라.

→ 그렇다고 해서 가만히 있을 수는 없다. 불안한 감정에서 벗어나려면 어떻게 해야 할까? 일단 기존 강사들 가운데 한 명을 승진

시킨다. 여의치 않다면 책임자급을 새로 채용한다. 그리고 한동
안 신촌점이 안정화될 때까지 내가 신촌점을 직접 관리한다.

이렇게 스트레스를 받았을 때 그 감정에 빠져 허덕이는 것이
아니라 진짜 감정을 찾고 감정에 이름표를 붙여 부정을 개선하는
것이 바로 셀프토크다. 스트레스를 풀기 위해 여행을 가거나 산책
하고 영화를 보는 것도 좋지만 그럴 만한 시간과 마음, 비용의 여
유가 항상 있는 것은 아니다. 비상사태가 발생하면 스트레스를 바
로 감소시킬 수 있는 셀프토크를 꼭 해보길 권한다.

BAAPC 기법에 맞춰 말하자

논리적으로만 말하는 사람은 사실은 구체적으로 전달하나 그
사실에 대한 자신의 생각과 마음을 연결해 말하지 못한다. 만약
여러분이 사람들에게 어떤 메시지를 전달할 때 논리로 사실만
을 전달하는 것이 아니라 구체적인 일화를 스토리텔링 법칙인
'BAAPC 기법'에 맞춰 말하면 훨씬 더 구체적으로 말하게 되어
나의 생각과 감정도 전달할 수 있게 될 것이다.

: BAAPC 기법 :

B(Background) : 상황 묘사

A(Actor) : 주인공, 나오는 사람 묘사

A(Accident) : 사건 사고 묘사

P(Peak) : 사건의 확장, 반전 등 추가되는 이야기 묘사

C(Closing) : 이 사건에서 내가 느끼고 배운 점 정리

예를 들어 "식당에 가서 물수건 사용할 때 조심해야 해."라는 말을 이성적인 사람은 직설적으로 말하겠지만 감성적인 사람들은 BAAPC 기법에 맞춰 풀어서 말한다. 다음 내용을 보자.

B : 내가 어제 회사 앞 삼겹살 집에 갔었는데,

A : 회사 회식인지 여러 명이 우르르 들어오더라고.

A : 그 중 한 남자가 물수건을 뜯더니 그걸로 얼굴·손·목·양말까지 벗어서 발가락 사이사이를 닦는거야.

P : 그런데 술 마시던 한 직원이 그게 자기 물수건인 줄 알고 그걸로 입을 닦는 것 있지!

C : 아, 더러워. 식당 가면 물수건 사용할 때 조심해야 한다니까!

"식당에 가서 물수건 사용할 때 조심해야 해."와 BAAPC 기법

에 맞춰 말을 한 것을 비교했을 때 우리는 어느 쪽에 더욱 공감하며 설득이 될까? 물론 논리적인 말은 한 문장으로 끝나기 때문에 이것이 시간 대비 효율적이라고 생각하는 사람도 있을 것이다.

논리적인 말이 필요한 순간이 있다. 그러나 시간이 부족하거나 자기 말을 듣는 청중이 100% 논리형인 경우를 제외하고는, 누군가를 설득하고 싶다면 조금 길어도 구체적으로 말하기 힘들어도 BAAPC 기법에 맞춰 말하는 것이 필요하다.

상대방의 말에 경청하자

대화법에 관련된 책을 보면 하나같이 중요하다고 입을 모아 강조하는 것이 있다. 바로 '경청'이다. 사람들은 스피치 강사인 내가 평소에 말을 많이 할 것이라 생각하지만, 사실 내가 하루 종일 가장 많이 하는 것은 상대방의 말을 들어주는 것이다.

스피치 스타일 교육 프로그램은 교육생에게 스피치에 대한 두려움이 어디서 시작되었는지를 파악하는 것부터 시작한다. 교육생이 말에 대한 안 좋은 기억, 경험 부족, 논리 부족, 말을 잘할 수 있는 환경 부족, 자신감 등 심리적인 부분, 스피치 모델링 부족 등 어느 부분에서 어려움을 겪고 있는지 일일이 파악해야 뛰어난 변화를 이끌 수 있기 때문이다.

내가 말을 많이 하면 상대방은 내 말을 듣고만 있어야 한다. 비용은 학생이 냈는데 강사의 스피치 실력만 함양되는 이 지도 방법은 좋지 않다. 스피치 강사들은 수업시간에 말을 줄이고 학생들의 말을 듣는 것이 중요하다.

"강사님은 스피치 멘토가 있으세요?"라는 질문을 종종 듣는다. 많은 지식과 경험과 연륜으로 어느 주제로도 마치 선물 보따리처럼 이야기를 풀어내는 이어령 교수도 좋고, CBS 〈세상을 바꾸는 시간, 15분〉이라는 TV 프로그램에서 조근조근 경험에서 만들어 낸 통찰을 풀어내는 강연자들도 좋다. 하지만 그 중 가장 닮고 싶은 스피치 멘토가 있다면 바로 CBS의 김현정 프로듀서다.

김현정 프로듀서는 CBS의 간판 라디오 프로그램 〈김현정의 뉴스쇼〉의 진행자였다. 지금은 방송이 종료되었지만, 김현정 프로듀서가 진행할 때는 하루도 빠지지 않고 그녀의 목소리와 스피치를 들으려고 청취했다. 당시 CBS 시청자 위원으로 참여하고 있던 나는, 시청자 위원 회식 때 임원들에게 김현정 프로듀서의 평소 성격에 대해 물어보았다. "아이고, 말도 마세요. 어찌나 목소리가 크고 웃음이 많은지, 회식 때면 옆 테이블이나 식당 주인에게 조용히 해달라는 말을 듣는 게 한두 번이 아니에요."

그 이유를 물어보니 김현정 프로듀서는 경청의 달인이라고 한다. 사람들의 말을 듣고 크게 맞장구 치며 웃음으로 공감해주니 말하는 사람이 흥이 나 더 많은 이야기를 하게 된다고 한다. 이런 모습은 방송에서도 그대로 드러난다. 내가 분석한 김현정 프로듀서의 경청 방법은 다음과 같다.

첫째, 상대방과 호흡을 맞춘다. 보통 직장에서 회식을 할 때 상사가 말을 하면 그 말을 듣는 직원들이 더 긴장할 때가 있다. '사장님의 말이 끝나면 나도 무슨 말을 해야 할 텐데 어떻게 하지? 무슨 말을 하지?'라는 생각으로 바쁘다. 상대방의 말을 들어야 할 시간에 내가 무슨 말을 해야 할지를 생각하니 어떻게 다른 사람의 말이 들리겠는가? 스피치의 주인공은 내가 아니라 온전히 그 사람이라고 생각하고, 화자가 어떤 생각과 마음에서 이런 이야기를 하는지 그 사람의 호흡에 맞춰주자. 화자의 호흡은 편안하게 내려가 있는데 청자만 호흡이 너무 올라가 있으면 호흡의 간극이 발생해 불편해진다.

둘째, 웃음으로 공감해준다. 방송을 듣다가 문득 김현정 프로듀서는 어떻게 방송을 진행할지 궁금해진 적이 있다. 늘 미소를 지으며 방송할 것 같았다. 그래서 다음 시청자 위원 회의를 가는 김에 라디오 녹음 현장에 방문해보았다. 역시나 얼굴에 웃음이 가득한 채 반달눈이 될 정도로 밝은 얼굴로 방송을 진행했다. 이렇게 친근하고 웃음 넘치는 모습이 상대방에게 더 많은 이야기를 하도록 만드는 것이었다.

셋째, 마치 스포츠 중계방송을 하듯 그 사람의 말을 반복해준다. 김현정 프로듀서는 마치 스포츠 중계방송을 하듯 상대방의 말을 전달하고 있었다. 예를 들어 인터뷰를 하는 행사 관계자가 "이번에 저희가 산천어 축제를 기획했는데요. 무려 130만 명의 사람들이 방문을 해주셨습니다."라는 말을 하면 그녀는 "130만 명이라고요? 지역 축제에 오신 분들이 100만 명이 넘는다니, 정말 많은 분들이 오셨네요."라며 격하게 맞장구쳐주며 마치 그 사람의 말을 중계방송으로 하듯 전한다. 그러면 말하는 사람은 더욱 신이 나 속 깊은 이야기까지 털어놓을 수밖에 없다.

대화를 아무런 근거 없이 억지로 짜내려 하지 말자. 상대방의 말 안에 내가 할 말이 있으니 스피치의 주도권을 내가 아닌 상대방에게 넘기자.

칭찬의 기술을 익히자

논리형은 거짓말을 못 한다. 물론 거짓말은 해서는 안 되지만 선의의 거짓말이라는 말도 있지 않은가? 논리형은 솔직한 것이 제일이라고 생각하기 때문에 진심이 아니고서는 누군가에게 칭찬을 잘 하지 않는다. 하지만 사람들은 자신을 칭찬해주는 사람을 좋아한다.

정신분석의 창시자 프로이트는 사람은 성적인 욕구와 인정받고 싶어하는 욕구, 이 2가지 때문에 움직인다고 말했다. 그만큼 사람들은 칭찬 듣는 것을 좋아한다. 그러니 조금이라도 칭찬하고 싶은 마음이 든다면 이왕이면 후하게, 상대방이 알아차릴 수 있도록 최대한 부풀려 칭찬해주자. 칭찬의 기술은 다음과 같다.

첫째, 마이크로micro 칭찬이다. 아주 구체적으로 칭찬해주는 것이다. 그 사람의 소유물을 바탕으로 칭찬해주는 것이 보통으로, 상대방의 머리끝부터 발끝까지를 살피면 구체적인 칭찬에 대한 힌트를 발견할 수 있다.

예 (헤어 스타일이 바뀐 직장 동료에게) "어머, 머리 염색했나봐? 어제 TV 드라마 보니까 주인공도 비슷한 색이던데 요즘 유행인가 봐. 이 대리는 얼굴이 맑고 하얀 편이라 그런 톤의 머리색이 참 잘 어울리는 것 같아."

예 (새 가방을 들고 온 직장 동료에게) "우와, 이 대리! 못 보던 가방을 들고 왔네? 남자들은 따로 스타일에 힘을 줄 데가 별로 없는데 이렇게 정장에 캐주얼한 가방을 드니 정말 괜찮다. 그런 안목은

도대체 어디서 생기는 거야? 나도 하나 갖고 싶다."

그런데 이렇게 그 사람의 소유물에 대해 자세히 설명할 때는 반드시 주의할 사항이 있다. 바로 그 사람이 신경 쓴 것에 칭찬을 해야 한다는 것이다. 매일 들고 다니던 가방인데 마치 새로운 것인양 갑자기 칭찬을 하면 오히려 독이 된다. '김 부장이 오늘따라 왜 이러지? 무슨 좋은 일이 있었나? 오늘 나한테 야근시키려고 그러는 거 아냐?'라고 오해가 생길 수 있기 때문이다. 그 사람이 오늘따라 신경 쓴 부분에 칭찬을 하자.

두 번째는 매크로macro 칭찬이다. 매크로 칭찬에는 여러 의미가 있다. 일단 칭찬을 하려면 대담하게 해야 한다. 예를 들어 피부가 좋은 직원에게 "피부가 정말 좋다."라고 끝나지 말고 "아니, 어떻게 피부가 그렇게 좋아? 얼굴에 모공이 안 보여. 진짜 꿀 피부다." 또는 "와, 벌써 나이가 50대에 들어섰다고요? 믿기지 않아요. 모르는 사람이 보면 10대라고 해도 믿겠어요."라고 과장되게 하는 것이다. 이런 칭찬이 조금 지나쳐 보여서 상대방이 싫어할 수도 있겠다고 생각하는가? 절대 그렇지 않다. "에이, 그런 소리 마세요."라고 말해도 속으로는 대부분 좋아한다.

또한 매크로 칭찬은 단순하게, 그리고 감탄사를 넣어 칭찬하는 기술이다. 만약 오늘 상사가 한껏 차려입고 왔다면 "우와, 오늘 멋

있으세요."라고 간단하게 말하면 된다. 또는 그냥 "우와!"라고 감탄해주면 끝이다. 하지만 간단할수록 감정을 한껏 살려야 하니 무덤덤하거나 감정 없이 표현해서는 안 된다.

감성형 스피커 가운데 긍정의 기운이 많은 스피커라면 감성형만 가진 것도 나쁘지 않을 것이다. 하지만 부정적인 감성을 가진 사람이라면 반드시 긍정적으로 바꾸려는 노력을 해야 한다.

물론 부정적인 감정도 필요하다. 만약 길을 걷는데 갑자기 차가 자신을 향해 돌진한다면 '두려움'이라는 감정을 느껴야만 피할 수 있기 때문이다. 하지만 부정적인 감정이 자신을 오랫동안 짓누르지 못하도록 나 자신을 관리하는 것이 중요하다. 만약 당신이 '힘들어' '피곤해' '짜증 나'라는 부정어 3종 세트를 습관적으로 말하고 있다면 지금 당장 일어나 자신의 마음을 긍정적으로 바꿀 수 있는 작은 성공에 도전해보자.

"내가 가진 감성을 마음껏 표현해야 행복해진다."

감성형 스피치 스타일의
단점을 보완하는 방법

감성형의 단점을 보완하기 위해서는 느낌이나 생각보다는
이성에 주목하는 논리형 스피치 스타일에 다가가는 노력이 필요하다.

　　감성형이 강한 사람들은 말을 할 때 감정이 풍부하게 들어가 이야기가 참 맛있고 재미있게 들린다. 우리 주변의 달변가들 중에 감성적인 사람들이 많다.

　　하지만 감성형 스피치에는 뚜렷한 주제가 없어 뜬구름 잡는 내용처럼 들릴 수 있다. 또한 대부분 인간관계에서 상처를 많이 받는 사람들이 바로 이 '감성형 스피치 스타일'이다. 감성이 워낙 다양하고 풍부하다 보니 어떤 자극을 받았을 때 자신도 주체하지 못할 정도로 감성이 북받쳐 오를 수 있다. 그래서 다혈질이라는 말도 가끔씩 듣는다. 기분이 좋다가도 한없이 우울해지기도 하고,

다른 사람이 갖고 있는 감정의 전이轉移도 빨라 주변에 누가 함께 있는지에 따라 기분이 달라지기도 한다.

장점도 많지만 그만큼 자기 마음을 주체하지 못하는 단점도 있는 것이 바로 감성형 스피치 스타일의 사람들이다. 그러나 스피치에 생각이나 느낌뿐만 아니라 이성, 즉 논리를 함께 전해주면 훨씬 더 많은 사람들을 설득할 수 있다. 감성이 지나치게 풍부해 평소 일희일비一喜一悲의 스피치를 하고 있다면 논리형을 강화시키는 훈련을 해보자.

감성보다는 이성에 집중하자

우리는 매번 외부의 자극을 받는다. 그때 어떤 사람은 '감성'을, 어떤 사람은 '이성'을 먼저 떠올린다.

예를 들어 길을 걷다가 오토바이 소매치기를 당했다면 감성적인 사람은 놀라서 그 자리에 털썩 주저앉거나 "제 가방 좀 찾아주세요!"라고 주변 사람들에게 소리칠 것이다. 하지만 이성적인 사람은 오토바이의 자동차 등록번호를 확인하고, 운전자는 어떤 옷을 입었는지, 공범이 있는지, 어느 방향으로 갔는지를 살핀 후 신고할 것이다. 그런 다음 '다음부터는 가방을 최대한 인도 쪽으로 메고 다녀야겠다.'라고 생각한다.

이렇게 똑같은 자극에도 생각이나 행동하는 것이 다르다. 감성형은 감정에 휘둘려 현실을 침착하게 바라보지 못하는 경우가 많으므로 이성을 먼저 생각하는 연습이 필요하다.

신선한 소재를 찾아 활용하자

감성형의 사람들이 스피치할 때 주로 사용하는 이야기는 바로 '개인의 경험에 의존한 통찰'이다. 감성이 풍부하다 보니 말할 거리가 많아 자신만의 소재를 활용해 스피치를 하는 경우가 많은 것이다.

스피치에 필요한 일화는 크게 2가지로 나뉜다. 내가 알고 있는 이야기와 남이 알고 있는 이야기다. 하지만 다른 사람이 경험한 이야기, 다른 사람이 실험이나 조사를 한 결과, 정보 콘텐츠 등 신선한 소재를 찾아 적절하게 활용해야 스피치에 깊이가 생긴다. 3분이면 할 이야기를 1시간 동안 다양하게 이야기하는 사람들이 있다. 감성을 어필해 재미있는 스피치를 만드는 것도 중요하지만, 사람들이 좋아하는 것은 새로운 정보가 가득한 신선함이란 사실을 잊지 말자.

객관적으로 말하자

감성형의 사람들이 많이 쓰는 단어가 있다. 바로 '대충'이다. "그냥 하면 안 돼?" "원래 그런 거 아니야?"라는 구체적이지 않고 모호한 말을 많이 사용한다. 물론 감성형과 논리형 모두를 갖춘 사람들은 감정을 반영한 구체성을 가졌겠지만 논리형 점수는 낮고 감성형 점수가 높은 사람들은 대충 말하기에 익숙한 경우가 많다.

예를 들어 "자동차 열쇠가 어디에 있지?"라는 질문에 감성형은 "거기에 있잖아. 책상 위에."라고 하지만 논리형은 "우리 서재에 있는 책상 위 컴퓨터 자판 오른쪽에 있을 거예요."라고 정확히 말한다. 어떤가? 매사에 항상 치밀하게 말해도 문제겠지만 너무 대충 말해서 여러 번 물어보게 하는 것보다 훨씬 더 효율적이다.

이처럼 감성형이 가장 주의해야 할 것은 추상적으로 대충 말한다는 것이다. 본인의 생각으로는 170cm도 키가 크다고 생각해서 "이 대리는 키가 참 크더라?"라고 하더라도, 어떤 사람은 185cm는 넘어야 큰 키라고 생각할 수 있다. 의사소통에 오류가 생기지 않도록 최대한 정확하게 말하는 연습을 해보자.

정리정돈에 신경 쓰자

쇼핑호스트 시절에 책상정리를 강조하던 상무가 있었다. 그는 항상 책상을 깔끔하게 정리하라고 강조했지만, 하루 종일 분주하게 업무를 처리하다 보면 책상은 어느새 폭격당한 곳처럼 너저분해졌다. 그럼 상무는 책상 위의 모든 물건을 싹 쓸어가버려 매번 상무실로 찾아가 돌려달라고 매달렸던 기억이 난다.

사실 그때는 정리의 필요성에 대해 잘 알지 못했다. '그냥 쓰기 편한 데 있으면 되지, 무슨 정리야?'라고 생각했다. 하지만 일의 양이 많아지면서 책상과 시간, 일에 대한 정리가 필요하다는 생각이 들었다. 잘 안 써서 책상 위에 둘 필요가 없는 물건은 서랍에 이름표를 붙여 정리했고, '업무 상자'를 만들어 오늘 안에 처리해야 할 목록을 적어넣고 다 하면 버리곤 했다. 그리고 하루 24시간을 어떻게 쓰는지 아침에 일어나서 저녁에 잠들기 전까지를 기록했다. 이렇게 정리해가니 생활에 훨씬 더 안정감이 생겼다.

감성형은 구체적인 수치나 통계 등의 근거들과 친해져야 한다. 감정은 구체적인 수치나 통계처럼 시각화해서 보이지는 않기 때문에 이렇게 평소의 자기 생활을 정리하다 보면 자신의 감정도 시각화되어 훨씬 더 깨끗하게 정리되는 느낌이 들 수 있다.

함축적인 언어를 사용하자

나는 아름다운 고유어를 사랑하지만 함축적인 뜻을 가진 한자어도 꽤 좋아하는 편이다. 고유어를 쓰면 길게 이야기해야 할 것을 한자어는 몇 개의 단어로 금방 표현할 수 있다.

"네가 말을 너무 길게 말해서 무슨 말인지 알아듣지 못했는데 그 이야기를 줄여서 간략하게 말해주면 안 되겠니?"라는 말을 한자어를 이용해 말하면 "네가 한 말이 너무 복잡하니 축약해줘."라는 굉장히 깔끔한 말이 된다. 이렇듯 평소 함축적인 한자어를 활용해 대화를 하거나 퍼블릭 스피치를 한다면 훨씬 논리형처럼 보일 수 있다.

한자어는 문어체에 비교적 많이 사용된다. 그러므로 평소 책을 읽을 때 한자어가 나오면 반복해서 읽는 훈련을 하면 입에 한자어가 붙을 수 있어 아주 좋다.

나는 굉장한 감성형이다. 그래서 항상 논리가 부족하다고 생각해서 방송이나 새로운 강연을 할 때 감성형으로 치우치지 않고 논리적으로 말하도록 노력한다.

발표할 내용을 대본으로 만들 때도 마찬가지다. 나의 경우는 책상에 앉아 자판으로 바로 치지 않고 먼저 입으로 나온 말들을 휴대전화에 녹음한다. 그다음 녹음한 것을 컴퓨터 자판으로 친다.

그리고 이때 어휘를 함축적이고 논리적인 단어로 바꾸는 과정을 거친다. 그럼 한결 논리적인 내용이 입에서 나올 수 있다.

격언을 활용하자

감성적인 사람들은 마음이 너무 앞서다 보니 앞에 나와 말할 때 무대공포를 느끼는 경우가 많다. 이때 이성적인 뼈대가 되어줄 명언이나 의미 있는 말을 활용하면 훨씬 더 체계적으로 말할 수 있다.

새해가 되어 직원들 앞에서 이야기를 해야 하는데 "올해는 경기가 좋지 않다고 합니다. 올해는 작년보다 더욱 열심히 해봅시다."라고 말하는 것보다 "여러분, 파부침주破釜沈舟라는 말 아시죠? 밥 지을 솥도 깨뜨리고 돌아갈 때 타고 갈 배도 가라앉히는 마음으로 죽기살기로 한다는 말인데요. 올해 우리는 이러한 마음으로 일에 임해야 합니다. 결연한 의지로 꼭 멋진 해를 보내봅시다."라고 말하는 것이다. 어떤가? 훨씬 더 논리적으로 느껴지지 않은가? 같은 내용의 말도 표현하기 나름이다.

논리와 감성을 모두 갖추는 것이 정말 어려울까? 나는 글을 쓰는 것보다는 말로 표현하는 것이 더 좋고, 사람을 만날 때도 머리보다는 가슴으로 만나는 것이 좋고, 경영보다는 교육이 좋은 감성형 스피커다. 하지만 논리형의 점수도 일반인들과 비교했을 때 꽤 높은 편이다. 이는 선천적으로 타고난 것보다 후천적인 노력을 통해 지금의 논리형 스피치 스타일을 만든 것이다. 여러분도 본인이 가진 스피치 스타일을 바꿀 수 있다.

당연히 감성과 논리, 이 2마리의 토끼를 한꺼번에 잡을 수 있다. 어떤 말을 할 때 자신이 가진 인사이트, 즉 통찰력 있는 말만 할 것이 아니라, 그것의 기반이 되는 구체적인 예시와 통계 등의 자세한 수치 정보를 활용하면 된다. 그러면 내용이 더욱 깊이 있어질 것이다.

스피치 코칭을 하다 보면 노력의 결과로 논리형 스피치 스타일로 바꾼 사람들을 자주 만날 수가 있다. 본인이 말할 때 논리가 부족하다는 생각을 하니 더욱 논리를 갖춰 말하게 된다는 것이다. 무엇이든 잘하게 되는 데 있어 '결핍'만큼 좋은 동기부여제는 없는 것 같다.

만약 내가 감성형의 스피치 스타일을 갖고 있다면 지금부터라도 말에 논리를 입혀 균형적인 스피커가 되어보자. 논리로 내용의 깊이를 채우고 감성으로 마음의 깊이를 채운다면 무대에서 진정으로 즐거워진 자신을 발견할 것이다.

"감성뿐만 아니라 이성, 즉 논리를 함께 전하자."

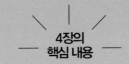
1. 감성형 스피치 스타일의 장점

   • 스피치의 내용이 흥미롭다.

   • 사람들의 감성을 자극하며 말할 수 있다.

   • 다양한 목소리와 보디랭귀지를 표현할 수 있다.

   • 청중과의 감정교류를 통해 친밀감을 형성할 수 있다.

   • 청중에게 솔직하다는 인상을 준다.

   • 감성이 풍부한 스피치를 할 수 있다.

2. 감성형 스피치 스타일의 단점

   • 스피치의 내용이 구체적이지 않을 수 있다.

   • 스피치를 들었을 때는 재미있지만 정작 남는 것이 별로 없다.

   • 청자와 감정의 일치가 일어나지 않으면 청자는 스피치를 뜬금없
     이 느낄 수 있다.

   • 화자 혼자만 감정에 취할 수 있다.

   • 논리형 청자는 스피치에 집중하지 않을 수 있다.

나는 종종 "혼자 말하는 사람은 하수고 함께 말하는 사람은 고수다." 라는 말을 쓴다. 처음 스피치를 하는 사람들은 함께 말하지 못하고 혼자 준비한 내용을 쏟아내기에 급급하다. "왜 그렇게 빨리, 혼자 말씀 하시나요?"라고 물으면 대부분 "말할 내용을 잊어버릴까봐 그렇습니다."라고 답한다. 그러나 청중과 함께 주고받는 관계형의 스피치를 하면 마음속에 여유가 생겨 말할 내용이 더욱 쉽게 머릿속에 떠오를 것이다. 혼자 스피치에 대한 모든 책임을 지려고 하지 말자. 아픔도 나누면 반이 된다고 하지 않던가! 관계형 스피치를 하는 사람들은 2가지를 명확히 한다. 질문과 청중 분석이다. 여기에다가 자신이 말할 상황을 마인드컨트롤 한다면 훨씬 더 여유 있게 말할 수 있다.

5장

관계형 스피치 스타일

관계형 스피치 스타일 체크리스트

청중과 양방향 커뮤니케이션을 구사하며 서로 소통하는 관계형은
스피치 스타일 중에서 가장 좋은 유형이다.

관계는 둘 이상의 사람, 사물, 현상이 서로 관련을 맺거나 관련
이 있는 것을 말한다. 관계형 스피치 스타일의 사람은 최고의 스
피커다. 사람들과 소통할 줄 알고, 여유 있고 유머러스하게 스피
치를 하는 유형이다. 이들은 절대 혼자 말하지 않는다. 어떤 주제
든 어떤 청중이든 자신 앞에 있는 사람들과 말을 나누며 서로 주
고받는 스피치를 한다.

스피치할 때 독백이 아닌 이상, 말하는 사람은 청중과 관계를
맺기 마련이다. 하지만 대부분의 화자는 너무 긴장하거나 여유가
없어 청중을 의식하지 않고 자신이 할 말만 신경 쓰다가 일방향

커뮤니케이션one way communication을 할 때가 많다. 하지만 관계형 스피치 스타일은 청중과 양방향 커뮤니케이션two way communication을 하며 함께 호흡한다는 느낌을 준다.

관계형은 가장 좋은 스피치 스타일이다. 다음의 '관계형 스피치 스타일 진단'에서 '그렇다'가 많이 나왔다면 당신은 굿 스피커일 가능성이 크다. 하지만 관계형 스피치 스타일이라고 해서 모두 같은 것은 아니다. 관계형은 크게 2가지로 나뉘는데, 청중에게 호감을 적극적으로 표현하는 적극형과 반대로 청중을 너무 신경 써 소극적으로 대하는 배려형이다.

[관계형 스피치 스타일 진단]

다음의 항목에 '그렇다' 또는 '아니다'로 답하시오.

1. 나의 스피치가 청중에게 어떻게 들릴지 항상 고민한다.

2. 상대방이 내 말을 듣지 않으면 말을 하고 싶지 않아진다.

3. 청자에게 좋은 정보를 제공하지 못하면 너무 미안하다.

4. 스피치가 의도한 대로 안 된 것은 모두 내 탓이다.

5. 처음 본 사람과도 금방 친해지는 편이다.

6. 발표를 할 때 상대방의 눈을 잘 마주친다.

7. 말을 할 때 청중에게 질문을 많이 하는 편이다.

8. 스피치를 할 때 겸손한 것이 제일이라고 생각한다.

9. 대화를 통해 상대방의 마음을 곧잘 얻는 편이다.

10. 목소리가 부드럽고 상냥한 편이다.

: 결과 :

• '그렇다'가 9개 이상: 관계형 스피치 스타일로 상대방과 호흡하며 스피치하고 있음

• '그렇다'가 6개 이상: 관계형 스피치 스타일에 속함

• '그렇다'가 3개 이상: 관계형 스피치 스타일이 부족하므로 연습이 필요함

• '그렇다'가 3개 미만: 관계형 스피치 스타일이 매우 부족하므로 반드시 노력을 통해 개선해야 함

관계형 스피치 스타일은 다른 스피치 스타일 유형과는 다르게 해당하는 항목이 많을수록 좋다. 특히 1번과 4번에 모두 "그렇다."라고 대답한 사람들은 관계형 중에서도 배려형에 속한다. 상대방과 관계를 맺는 것도 중요하지만 이렇게 청중을 너무 배려하다 보면

오히려 스피치에 부담과 두려움이 생길 수 있다. 물론 청중에게 자기의 말이 어떻게 들릴지 고민할 필요가 있고 스피치가 본인이 의도한 대로 안 된 것에 일정 부분의 책임도 있겠지만 모든 스피치가 청중에게 도움이 될 수 있는 것은 아니고, 스피치의 실패가 꼭 본인에게만 잘못이 있는 것은 절대 아니라는 사실을 명심하자.

"청중과 양방향으로 의사소통하며 서로 호흡한다는 느낌을 주자."

관계형 스피치 스타일의 특징

감성과 이성을 두루 사용할 줄 아는 관계형 스피치 스타일은
청중에 대한 관심이 있다는 큰 장점이 있다.

예전 어른들은 이런 말을 자주 하셨다. "사람은 인맥이 중요해. 평소 인맥 관리를 잘해야 해." 그때만 해도 이 말을 주의 깊게 들었던 적은 한 번도 없었다. 오히려 '무슨 인맥? 자기 일만 잘하면 되지.'라고 생각했었다.

그런데 세월이 지나 곰곰이 생각해보니 인맥은 단순히 정계·재계·학계 따위에서 형성된 사람들의 유대관계를 말하는 것이 아니었다. 인맥이 좋다는 것은 그만큼 '사람을 좋아하고 사람들이 좋아한다.'라는 뜻과도 같기 때문에 인맥이야말로 인생에서 중요한 것이 아닌가 싶다. 우리는 타인과 관계를 맺으며 살아간다. 돈

을 벌고 싶으면 돈을 갖고 있는 사람과 관계가 좋아야 하고, 내가 행복해지고 싶으면 그 사람과의 관계를 행복하게 형성해야 하는 것이 당연하다.

관계형 스피치 스타일을 구사하는 사람들은 이렇게 대부분 청중에 대해 깊은 애정을 가지고 있다. 사람이 좋으니 그 사람에 대해 알고 싶고, 그 사람에게 질문을 던져 듣고 싶었던 이야기를 듣게 되는 것이다. 무대에서 말하는 연사와 청중이 말하는 비율은 반반 정도로 서로 주거니받거니 하며 여유 있게 말한다.

다시 한번 강조하지만 관계형은 절대 혼자 말하지 않는다. 혼자 하는 스피치는 재미도 없을뿐더러 외로울 수밖에 없다. 여러분이 만약 관계형 스피치 스타일 진단에서 '그렇다'가 9개 이상이라면 이 책을 덮어도 좋다. 그만큼 여러분은 스피치의 달인일 가능성이 크기 때문이다. 관계형의 스피치는 아무나 할 수 있는 것이 아니고, 웬만한 스피치 내공이 있지 않고서는 9개 이상을 받는다는 것은 쉬운 일이 아니다. 하지만 '그렇다'가 5개 이하로 나왔다면 반드시 관계형 스피치 스타일 강화 훈련을 통해 청중과 소통하며 말하는 법을 배워야 한다. 그럼 관계형 스피치 스타일 유형에는 어떤 특징들이 있을까?

청중에게 질문을 많이 한다

관계형 스피치 스타일의 특징 중 하나는 바로 질문을 많이 한다는 것이다. 즉 질문을 통해 청중이 자신의 스피치 속으로 들어올 수 있도록 유도한다. 하지만 대부분의 스피커는 '나홀로 스피치'를 한다. 이렇게 혼자 하는 스피치는 청중과 함께하지 못하기 때문에 외로울 수밖에 없다.

[나홀로 스피치 vs 관계형 스피치 스타일]

: 나홀로 스피치의 예 :

"여러분, 오늘 날씨가 참 좋은데 이런 날은 스피치 교육보다는 골프를 치는 것이 더 좋다고 생각하는 분 있으실 겁니다. 하지만 스피치를 배우면 인생에서 홀인원을 하실 수도 있으니 꼭 오늘 교육에 집중해주세요."

: 관계형 스피치 스타일의 예 :

"여러분, 오늘 날씨 참 좋죠?(질문 1) 이렇게 날씨 좋은 날은 뭐가 생각나세요?(질문 2) 필드에 나가서 골프 스윙 한번 했으면 좋겠다는 생각이 드시죠?(질문 3) 그런데 여러분 한번 생각해보세요.

골프에서 홀인원 한 번 하는 게 중요하세요?(질문 4) 아니면 인생에서 홀인원하는 게 중요하세요?(질문 5) 당연히 인생의 홀인원이 더 중요하지 않을까요?(질문 6) 여러분, 오늘 스피치 훈련에 집중해주세요. 그럼 인생에서 홀인원하실 수 있을 겁니다.

이렇게 스피치의 본론으로 들어가기 전에 질문을 했을 때 가장 좋은 점은 청중에게 '생각의 미끼'를 던질 수 있다는 것이다. 질문을 던지는 것만으로도 스피치에 대해 생각할 수 있는 틈을 열어준다. 사람들은 질문을 받으면 자연스럽게 그 질문에 대한 답을 생각하게 되어 있기 때문이다.

예를 들어 "여러분, 전지현 좋아하세요?"라는 질문을 받았다. 자, 어떤가? 배우 전지현의 얼굴이 갑자기 머릿속에 떠오르지 않는가? 이렇듯 질문을 통해 청중을 스피치에 집중시키자. 그럼 청중과 함께 호흡할 수 있다.

청중이 무엇을 원하는지 안다

관계형 스피치 스타일을 가진 사람은 스피치를 시작하기에 앞서 청중이 누구인지 살핀다. 스피치 요령을 알고 말하는 사람이 바로 관계형 스피커다. 여성 심리에 대해 많이 아는 남성이 여성의 마음을 비교적 쉽게 얻을 수 있는 것처럼 관계형 스피커는 청중과 소통하기 위해 청중에 대한 공부를 굉장히 많이 한다. 또한 청중의 성별과 연령, 인원, 전문성, 태도에 따라 자유자재로 소재를 변형해 말할 줄도 안다. 이렇게 청중을 분석하고 그들이 원하는 일화를 가지고 이야기하다 보니 청중은 스피치에 집중하지 않을 수 없는 것이다.

스피치 트레이닝을 하다 보면 청중을 아는 사람과 그렇지 않은 사람의 스피치가 확연히 다르다는 것이 느껴질 때가 많다. 만약 수업시간이 얼마 남지 않은 경우 어떤 사람은 부족한 시간에 맞춰 짧고 인상 깊게 말하는 반면, 어떤 사람은 시간에 상관없이 자신이 준비한 스피치를 끝까지 한다.

또한 자신에게 주어진 청중의 배경에 상관없이 그냥 허공에 아무 말이나 내뱉는 사람이 있는가 하면, 어떤 사람은 청중의 배경(연령, 성별, 인원, 관심사, 그날의 특별한 상황 등)을 고려해 스피치를 하는 사람들도 있다. 관계형 스피치는 청중이 무엇을 좋아하는지 눈치가 빨라야 할 수 있다.

지피지기 백전불태知彼知己 百戰不殆, 즉 적을 알고 나를 알면 100번 싸워도 위태롭지 않다고 했다. 퍼블릭 스피치는 청중과 연사의 기싸움이 엄연히 존재한다. 연사가 리더로서 중심을 잃지 않으면서도 여유로운 모습을 보여주면, 그리고 스피치에 청중이 꼭 들어야 하는 좋은 정보가 가득하다면 청중은 집중하지 말라고 해도 스피치에 몰입한다.

관계형 스피치 스타일로 말하고 싶다면 청중이 원하는 게 무엇인지 꼭 파악해야 한다.

스피치의 주인공을 '내'가 아니라 '우리'라고 생각한다

관계형 스피치 스타일은 스피치의 주인공을 '내'가 아니라 '우리'라고 생각한다. 그래서 스피치를 할 때 '우리'라는 단어를 자주 사용한다. "여러분 힘을 내세요. 열심히 해보십시오."라고 말하는 것이 아니라, "우리 한번 해보자고요. 우리는 해낼 수 있습니다. 함께 열심히 해보자고요."라고 말한다.

이렇게 말 안에 '우리'나 '함께'라는 단어를 사용하면 동질감을 형성할 수 있다. 홈쇼핑 방송에서 쇼핑호스트들이 많이 쓰는 단어가 바로 '우리'라는 단어다. "여러분, 다이어트 꼭 하세요. 하셔야 한다니까요!"라고 말하는 것보다 "여러분, 우리 한번 해봐요. 우리라고 왜 못하겠어요. 꼭 한번 해봅시다!"라고 말하면 훨씬 더 동질감이 느껴져 말에 집중하게 된다.

특히 모든 스피치의 마지막을 관계형의 '우리'로 끝내면 훈훈하게 마무리된다. "우리 한번 잘해봅시다."와 같은 말은 서로 소통하며 훈훈하게 결론을 맺게 한다.

청중은 스피치가 자기 마음속 이야기라고 느낀다

관계형은 굉장히 자상하다. 감성과 이성을 두루 사용할 줄 아는 멀티 플레이어이기 때문에 어떤 경우는 이성으로 확실히 개념을 정립해주고 어떤 경우는 감성으로 상대방의 마음을 어루만져 준다. 청중의 수가 많아도 그들 한 사람 한 사람을 고려하는 스피치를 하기 때문에 더욱 자상한 느낌이 든다.

동시에 관계형은 사람들과 공감할 수 있는 이야기를 주로 스피치 재료로 활용한다. 자신이 힘들었던 경험담, 자신의 노하우, 다른 사람들의 이야기를 활용하기 때문에 청중은 '나도 그런데 저 사람도 그랬구나.'라는 동질감을 느끼는 것이다. 이렇게 자신의 이야기를 많이 노출하다 보니 사람들은 그 연사에 대해 친밀감을 느끼게 된다. 나중에 스피치가 끝나고 그 사람이 한 이야기는 잊히더라도 그 사람에게 느껴졌던 호감은 계속 청자들의 마음속에 잔상으로 남아 있다.

유머가 풍부하다

관계형의 사람들은 항상 유머러스하다. 그렇다고 해서 유머를 시도하기 위해 유머 모음집을 들춰보는 것은 아니다. 이때 유머는 성의 없는 유머와 성의 있는 유머로 나뉜다.

성의 없는 유머는 바로 유머책에 나오는 이야기들을 그대로 전하는 것을 말한다. 유머 모음집에는 정말 가슴을 허무하고 허탈하게 만들어서 웃어야 할지 울어야 할지 모르는 이야기들이 가득하다. 이러한 유머집에 나오는 유머를 그대로 구사하는 사람들을 보면 더욱 성의가 없어 보인다.

반면에 성의 있는 유머는 바로 청중과 호흡하면서 만들어내는 자연스러운 유머다. 누군가를 의도적으로 작정하고 웃기려는 것이 아니라 이야기하다가 자연스럽게 유발되는 유머를 말하는 것이다.

그럼 성의 있는 유머는 어떻게 만들까? 유머는 익살과 해학이라는 뜻으로, 이러한 유머는 청중과의 긴장된 관계를 깨고 사고를 유연하게 해줄 수 있어 꼭 필요하다. 관계형의 유머는 다음의 2가지에서 나온다.

첫째, 상대방의 표정과 마음을 읽는다. 만약 이런 말을 했다고 생각해보자. "여러분, 이 세상에서 가장 쉬운 것이 무엇인지 아세요? 저는 다이어트라고 생각해요." 이 말을 들었을 때 청중은 속으로 어떤 생각을 할까? '뭐야? 그게 제일 쉽다고? 난 다이어트가 이렇게 어려운데. 지금 장난하나?'라면서 자신의 감정을 표정으로 나타낼 것이다. 이때 이러한 생각과 표정을 잡아내 그것을 말로 표현해주는 것이다. "아, 여러분 표정을 보니 '지금 무슨 소리 하는 거야?'라고 말하는 느낌이네요. 저도 여러분이 그런 표정을 지을 줄 알았습니다." 이렇게 청중의 생각과 표정을 읽어주면 청중은 자신의 마음을 몰래 들킨 것 같으면서도 공감받은 것 같아 자기도 모르게 웃게 된다.

둘째, 이야기에 반전을 넣는 방법이다. 이것은 조금 어려운 방법이기는 하지만 관계형 스피치 스타일의 사람들은 많이 사용하는 방법이니 꼭 실천했으면 좋겠다. 이론적으로 말하면 흥미를 유발해 사람을 집중시킨 다음, 반전을 이용해 유머를 일으키는 방법이다. 예를 들어 이런 이야기를 할 수 있다. "여러분, 제가 쇼핑 호스트로 활동할 때 식품을 판매한 적이 있었는데요. 그날은 제가 제주산 갈치를 판매해야 했어요. 함께 방송한 동료가 경력은 많지만 판매 실적이 그리 좋지 않아서 제 역할이 커졌고, 그래서 열심히 갈치를 판매했죠. 판매 결과도 아주 좋았어요. 방송을 시작한 지 20분 만에 매진되었거든요. 그런데 동료는 저에게 화가 나 있는 거예요. 이유를 물어보니 '궁금하면 오늘 방송을 다시 한번 봐봐!' 하더니 가버리더군요. 그래서 다시 방송을 되돌려보니….
글쎄, 제가 너무 열심히 갈치를 판매하다 보니 갈치를 들고 '오늘
아침까지만 해도 제주도 바다를 헤엄치던 정말 싱싱한 갈치입니
다!'라고 하면서 흔들다 갈치 꼬리로 계속 동료의 얼굴을 강타하
고 있던 거예요." 이렇게 반전을 넣는다면 청중의 얼굴에서 미소
가 흘러나온다.

관계형은 상상 그 이상을 청중에게 준다

관계형 스피커는 여러분이 상상하는 그 이상을 청중에게 준다.
예를 들어 스피치에 대한 강의를 할 때 대부분은 스피치에 대한
기술만을 알려주지만 관계형의 사람들은 사람에 대한 기본 애정
을 바탕으로 자신감과 동기부여까지 전해주려고 한다.

회사 안에서 새로운 상품에 대한 프레젠테이션을 할 때도 그저
상품에 대한 정보만 전달하는 것이 아니라 이 상품이 우리에게
어떤 새로운 바람을 불러일으킬 것인지, 그리고 더 나아가 자신의
프레젠테이션을 듣고 사람들이 열린 사고를 할 수 있도록 독려하
고 싶은 마음을 담아 발표에 임한다. 그래서 남들과 비슷한 듯하
지만 다른 스피치를 하게 되는 것이다.

관점이 다르면 다른 무언가가 더 새롭고 넓게 보이는 법이다. 직업을 가질 때 돈을 벌기 위한 목적으로 갖는 것과 소명의식calling, 즉 내가 어떤 부름을 받고 이 땅에 왔다고 생각하는 책임감으로 직업을 갖는 것은 하늘과 땅 차이다. 관계형은 발표에서 정보 이외에 그 이상을 청중에게 주려고 시도한다. 그래서 스피치가 특별할 수밖에 없다.

말의 에너지를 앞으로 보낸다

아나운서를 할 때는 참 자세가 곧았지만 강사 생활 10년이 지나고 나니 내 어깨가 앞으로 많이 굽어 있다. 그 이유는 바로 강의를 할 때 항상 '말의 에너지를 앞으로 보냈기' 때문이다. 관계형 스피커는 말을 할 때 에너지가 앞으로 나가는 경우가 많다. 즉 모든 몸의 중심이 청중을 향해 있는 것이다. 그만큼 청중에게 열정과 애정이 있다는 뜻이다. 관계형은 말의 에너지를 앞으로 쏜다.

대부분의 사람들은 말의 에너지를 그냥 갖고 있거나, 심지어 어떤 사람들은 뒤로 에너지를 빼며 말을 하는 사람들이 많다. 하지만 이러면 말의 에너지 자체가 청중에게 도달되지 않아 청중과 함께 호흡을 할 수 없다. 몸의 무게중심을 앞으로 해 자기 말이 청중에게 더 잘 도달되도록 해보는 것이다. 마치 육상선수가 달리기를 시작하기 위해 상체를 구부리는 것처럼 말이다. '나는 언제든지 여러분에게 말할 준비가 되어 있다.' '이제 스피치를 시작하겠다.'라는 것을 몸으로 표현하는 것이다.

이렇게 말의 에너지를 앞으로 쏘면 가장 좋은 효과는 바로 '에너지 충전'이 된다는 것이다. 말의 에너지를 앞으로 쓰다 보면 나갔던 에너지가 다시 선순환으로 자기 몸으로 돌아와 더 큰 에너지를 발산하게 된다. 피곤하고 힘들어 말하기 싫을 때 이 '말의 에너지를 앞으로 쏘는 것'을 꼭 실천해보자. 에너지 충전이 무슨 말인지 체감할 수 있을 것이다.

청중과 관계가 형성되지 않으면 자신감이 현저히 떨어진다

관계형은 청중과의 관계가 중요하다 보니 청중을 다소 의식하는 경향이 있다. 청중이 자기의 스피치에 열렬히 반응해주면 정말 하늘을 날아다니는 기분으로 스피치를 하지만, 청중이 스피치에 반응을 보이지 않으면 금세 자신감이 없어진다.

한 공기업에 스피치 강의를 하러 간 적이 있었다. 600명을 대상으로 90분 동안 '소통 스피치'라는 제목의 강의였는데, 처음부터 아무리 편안하게 분위기를 풀려고 해도 청중들이 긴장을 풀지 않는 것이 아닌가? 어떻게 90분이 흘렀을까? 나중에는 청중과 관계를 맺으려고 노력하는 나 자신이 너무 한심하게 느껴질 정도로 힘들다고 생각했었다. 그런데 강의 평가로는 99점이라는 높은 점수를 받았다. 연수원이 생긴 이래 99점이 나온 것은 처음이라고 했다.

그때 나는 그 소식을 듣고 오히려 아쉬움이 밀려왔다. 청중의 반응이 없어 그들이 내 강의에 관심도 없겠거니 생각했던 내가 부끄러웠다. 청중이 이렇게 반응을 보이지 않을 때가 있더라도 의기소침해지지 말고 '청중이 스피치에 집중을 해서 반응이 없다.'라고 긍정적으로 생각해보자.

관계형 스피치 스타일의 가장 큰 매력은 바로 청중에 대한 관심이 많다는 것이다. 얼마 전 라온제나 스피치 아카데미 강남점에 새로운 센터장이 입사했다. 난 평소에도 아카데미 안에서 계속 교육을 하기 때문에 새로운 센터장이 와도 개인적으로 얼굴 보기가 쉽지 않아 '언젠가 친해지겠지.'라고 생각하며 넘어갔다. 그런데 어느 날부터 나의 강의장 책상 위에 매 시간마다 다른 차와 커피

가 놓여 있는 것이 아닌가? 새로 입사한 센터장이 내게 해준 배려였다. 말을 많이 하는 직업이라 물을 마실 일이 많은데, 작지만 이런 배려가 나에게는 큰 감동으로 다가왔다.

건강하게 관계를 맺는 사람은 크게 2가지를 갖고 있다. 하나는 자기 자신에 대한 자신감, 또 하나는 이러한 자신감이 타인을 향한 배려로 표현된다는 것이다. 사람이 행복해지는 방법은 어려운 것이 아니다. 이러한 작은 배려만으로도 입가에 미소가 지어지니 말이다.

"관계형 스피치 스타일의 사람들은 대부분 청중에 대한 깊은 애정을 가지고 있다."

관계형 스피치 스타일을
강화하는 방법

많은 장점이 있는 관계형 스피치 스타일은 청중 분석과 리허설,
스토리의 보완 등을 통해 완성시킬 수 있다.

관계형 스피치 스타일을 가진 사람은 멀리 있지 않다. 무대에서도 자연스럽게 청중에게 말을 건네는 사람, 말을 하면서 혼자 일방통행하지 않고 서로 소통할 줄 아는 사람, 중간중간 유머를 이끌어내는 사람, 말의 속도가 빠르지 않아 함께 호흡하고 생각하기 좋은 사람, '내 마음과 생각을 어떻게 알지?' 하고 의아할 정도로 공감해주는 사람, 바로 이런 사람이 관계형 스피커다.

정말 누구나 원하는 굿 스피커가 아닌가? 어떻게 하면 관계형 스피커가 될 수 있을지 살펴보자.

청중을 분석하자

관계형은 청중에 대해 자세히 분석한다. 이를 통해 그들이 원하는 말을 하기 때문에 공감을 얻어낼 수 있는 것이다. 청중 분석을 할 때는 제일 먼저 청중이 총 몇 명인지를 알아야 한다.

청중의 인원이 10명 이내라면 청중과의 친밀감이 굉장히 중요하기 때문에 개인적인 이야기를 해도 큰 오해를 만들지 않을 수 있다. 설령 사적으로 치우쳐 말을 했더라도 그 오해를 풀 수 있는 시간이 충분히 주어지기 때문이다. 사고의 다양성 측면에서 본다면 10명의 생각만 있기 때문에 스피치에 크게 공감하지 못할 사람이 없다.

하지만 청중이 30명이 넘으면 상황은 달라진다. 다양한 경험과 가치관을 가진 사람들이 모여 있기 때문에 개인적인 이야기보다는 보편적인 이야기를 해야 호불호가 엇갈리지 않는 스피치를 할 수 있다.

청중의 성별과 연령도 굉장히 중요하다. 청중이 남성인 경우에는 감성적인 스피치보다는 논리와 이성, 합리가 주를 이루는 스피치를 해야 한다. 모 보험회사 직원인 손해보험사들을 대상으로 한 강의를 할 때의 일이다. 손해보험사는 보험사고가 발생했을 경우 보험에 대한 원인분석과 그에 따라 보험금의 액수를 결정하는 일을 한다. 이때 고객에게 통화하거나 직접 만나서 보험금이 왜 이렇게 책정되었는지 설명해야 하는 업무를 하는데, 청중의 성별이나 연령의 분석 없이 매번 같은 방식으로 말을 하면 고객의 불만을 가중시킬 수 있다.

청중이 만약 20~30대의 남성이라면 감성적인 이야기보다는 구체적인 수치를 넣어 설득하는 것이 유리하다. 반대로 40~50대의 여성이라면 감성적인 이야기로 서로 친밀감을 형성해놓는 것이 유리하다. 물론 여성들도 논리와 이성을 중요하게 생각하지만 남성에 비해 감성적인 측면이 강하다.

그리고 청중의 전문성과 지식의 정도 또한 중요하다. 국내 최대 규모의 화장품 회사에서 '보이스 트레이닝(목소리 교정)'에 관한 강의를 할 때의 일이다. 좋은 목소리의 조건인 발음과 발성 호흡 등 기본 사항에 관해 강의를 했는데 청중들의 반응이 예상과는 사뭇 다른 것이었다. 쉬는 시간에 강의 담당자에게 물어보니 불과 한 달 전 비슷한 내용의 강의를 진행했다는 것이 아닌가?

나는 기업체 강의를 가기 전에 항상 '특강 사전 조사서'라는 것을 받는데, 여기에는 청중이 내가 교육할 내용에 대해 경험이 있는지 없는지를 묻는 항목도 있다. 그런데 교육 담당자가 새로 바뀌면서 기존에 했던 강의를 파악하지 못해 일어난 불상사였다. 그래서 남은 한 시간 동안은 기본 보이스 트레이닝이 아닌 '레벨 업

(심화) 보이스 트레이닝' 강의를 했고, 그 결과 다행히도 청중들은 만족스러워했다.

요즘은 건설회사가 공사를 수주할 때 전문 프리젠터가 아닌 그 공사를 책임질 관리소장과 같은 실무자가 직접 입찰 프레젠테이션에 참여하는 경우가 많다. 그래서 평생 현장에서 건축공사만 했던 실무자들이 스피치 아카데미에 찾아오는 경우가 많아졌다.

한 생명보험회사 리모델링 공사 수주를 앞둔 한 건설회사 부장이 스피치 아카데미에 직접 찾아와 프레젠테이션 교육을 받았다. 그런데 처음부터 끝까지 알아듣기 어려운 건설 용어를 남발하는 것이 아닌가?

그래서 청중이 몇 명인지, 건축용어를 쉽게 알아들을 수 있을 정도의 전문가를 대상으로 한 프레젠테이션인지 물었다. 그런데 청중은 전문가가 아닌 일반 사무직원이라는 것이다. 그래서 내 조언을 듣고 가급적 어려운 건축용어는 배제하고, 꼭 써야 하는 건축용어는 뜻을 풀이해서 설명하는 식으로 프레젠테이션을 진행했다. 그 결과 그분은 공사를 성공적으로 수주할 수 있었다. 이렇게 청중이 해당 분야에 전문성이 있는지, 어느 정도의 지식 수준을 갖고 있는지도 스피치의 청중 분석에서 정말 중요하다.

분석 결과를 스피치에 활용하자

　요즘에는 많은 기업이 강연 문화에 동참하고 있다. 강연회에서는 주로 기업의 임원이나 연예인 등이 나와 강연을 하는데 이러한 퍼블릭 스피치는 강력한 논리를 바탕으로 이야기를 구성해야, 내게 주어진 시간도 잘 활용할 수 있고 청중의 반응도 이끌어낼 수 있다. 만약 다음의 상황이라면 여러분은 어떤 이야기를 할 것인지 생각해보자.

- 장소: 삼성의 '열정락서'처럼 우리 기업에서도 강연 콘서트가 열렸다. 나는 임원으로 여기에 초대되어 강연을 하게 되었다.
- 시간: 총 15분
- 인원: 총 100명, 대부분 대학생
- 주제: '다르게 살려면 다르게 살아라.' '아프니까 청춘이다.' '회사가 좋아하는 인재란?'

　다른 주제로 이야기를 해도 좋다. 만약 여러분이라면 이 상황에서 어떤 이야기를 하겠는가? 관계형은 청중 분석의 달인이다. 청중을 1·2·3차에 나눠 꼼꼼히 분석해보자.

　1차 분석은 성별이나 연령, 인원 등 객관적이고 인구 통계학적인 기본적인 분석을 말한다.

2차 분석은 바로 청중이 좋아하는 키워드를 2~3개 정도 준비하는 것이다. 혹시 여러분은 '썸을 탄다.'라는 말을 알고 있는가? 처음 이 단어를 듣고 한참을 웃었던 기억이 난다. 'something'에서 유래된 말로, 서로 호감을 가지고 연애를 시작할까 말까 하는 단계를 썸을 탄다고 말한다. 또한 요즘 젊은이들을 취업·결혼·자식·노후, 이 4가지를 포기한 세대라고 해서 '4포 세대'라는 말도 있다. 이러한 신조어들을 미리 준비해 말을 하면 훨씬 더 많은 공감대를 형성할 수 있을 것이다.

마지막으로 3차 분석은 청중들이 좋아할 만한 일화를 3개 이상 준비해 공감을 얻어내는 것이다. 회사의 임원으로서 젊었을 때 고생했던 경험, 대학생 때 했던 생각과 행동, 그리고 어떻게 기업에 입사했는지, 어떻게 본인의 꿈을 이루어왔는지 등을 풀어나가는 것이다.

지금까지의 내용을 간략히 정리하면 다음과 같다.

: 청중 분석 :

- 1차 분석: 성별, 연령, 인원, 전문성, 지식 정도, 지역
- 2차 분석: 청자가 자주 쓰는 키워드 3개 찾기

  예 썸, 4포 세대, 열정페이

• 3차 분석: 청자가 공감할 만한 일화 3가지 준비

예 젊었을 때 고생했던 경험, 대학생 때 했던 경험, 나의 꿈에 대한 고민

이러한 청중 분석을 통해 일화를 준비하고 '서론-본론-결론'에 맞춰 이야기를 배열하면 끝이다. 만약 여러분이 일화를 확장해 주어진 15분이라는 시간을 더욱 알차게 활용하고 싶다면 '경-정-현-시'를 활용하면 된다.

15분 이상의 스피치를 하게 될 경우 최소 3~5개의 일화는 필요하다. 경험형·정보형·현장형·시즌형 에피소드를 통해 내게 주어진 시간을 십분 활용해보자. 하지만 너무 많은 에피소드를 넣으면 자칫 시간에 쫓겨 서두를 수 있으므로, 사전 리허설을 통해 본인이 준비한 이야기가 시간에 적당한지 꼭 확인해야 한다.

반드시 리허설을 하자

관계형 스피치 스타일의 사람들은 당연히 리허설을 꼭 한다. 리허설을 하지 않으면 마치 실전을 연습처럼 하게 되는 불상사를 겪는다. 발표 후 '아, 다시 하면 진짜 잘할 수 있을 것 같은데.'라는

생각을 해본 적 있지 않은가? 리허설을 통해 자신의 스피치를 살펴봐야 진짜 실전에서 자신의 모든 것을 제대로 보여줄 수 있다.

그런데 리허설도 하기 나름이다. 그냥 책상에 앉아서 컴퓨터 자판으로 발표자료를 넘기며 속으로 말해보는 것은 리허설이 아니다. 리허설은 반드시 실전과 똑같이 해야 한다.

리허설의 원칙은 다음과 같다.

첫째, 앉아서 하면 안 된다. 반드시 서서 해야 한다. 앉아 있을 때와 서 있을 때의 긴장도는 다르다. 다른 사람에게 자신의 몸 전체를 보인다는 것은 정말 쑥스럽고 두려운 일이다. 그러므로 반드시 서서 스피치하는 훈련으로 익숙해져야 한다.

둘째, 실전과 똑같은 조건을 만들어야 한다. 머릿속으로 마인드 컨트롤을 통해 실전 상황을 떠올려보고 이에 맞춰 리허설을 해야 실전에 가서도 당황하지 않는다(그래서 스피치를 잘하는 사람들은 발표할 장소에 미리 꼭 가본다).

셋째, 최대한 자신이 있는 공간이 울릴 정도로 큰 소리로 말하라. 리허설을 할 때 큰 소리로 말을 해야 입 근육이 풀린다. 본인이 말할 단어와 문장이 입에 딱 붙도록 최대한 크게 말해야 한다.

넷째, 웃는 표정과 눈을 크게 뜨는 표정 등 다양한 표정을 넣어 말한다. 표정도 얼굴 근육으로 한다. 리허설을 할 때 말의 내용에 따라 다양한 표정을 짓는 연습을 해야 발표에서 훨씬 전달력을 높일 수 있다.

다섯째, 말을 시작함과 동시에 팔을 가슴 위로 들어올린 뒤 제스처를 크게 한다. 물론 처음에는 어색하겠지만 말을 시작하는 초반부에 반드시 손 동작을 한다고 생각해야 한다. 스피치는 처음의 시작 5분이 정말 중요한데, 몸을 흔들면 긴장도 함께 풀어지는 효과가 있다.

여섯째, 앞에 청중이 있다고 생각한다. 인원이 몇 명인지 성별은 어떻게 되는지 어떤 옷과 표정을 짓고 있을지 구체적으로 상상한다.

일곱째, 리허설을 중간에 멈춰서는 안 된다. 만약 어떠한 이유든 중간에 끊는다면 이것은 준비가 부족한 것이다.

여덟째, 리허설 하는 모습을 꼭 촬영하자. 스스로를 객관적으로 보는 것은 매우 어렵다. 동영상으로 촬영해서 자신이 어떻게 말하는지, 소리를 어떻게 내는지, 표정은 어떻게 짓는지 보자.

아홉째, 리허설은 반복해서 최소 2~3번은 한다. 난 방송에 나가거나 새로운 내용의 강의를 해야 하는 상황이면 리허설을 5번 정도는 한다. 이렇게 리허설을 많이 해야 내용이 입에 붙어 '머리'가 아닌 '마음'으로 강의 내용을 전달할 수 있다.

리허설의 원칙을 다시 한번 정리하면 다음과 같다.

: 리허설의 원칙 :

1. 앉아서 하면 안 되고 꼭 서서 해야 한다.

2. 실전과 똑같은 조건을 만들어야 한다.

3. 최대한 공간을 울릴 정도로 큰 소리로 말한다.

4. 다양한 표정으로 말한다.

5. 말을 시작함과 동시에 팔을 가슴 위로 들어올리고 손 동작을 크게 한다.

6. 앞에 청중이 있다고 생각한다. 인원이 몇 명인지, 성별은 어떻게 되는지, 어떤 옷과 어떤 표정을 짓고 있을지를 상상한다.

7. 리허설은 어떤 경우라도 중간에 멈춤 없이 처음부터 끝까지 할 수 있어야 한다.

8. 리허설 하는 모습을 촬영해 스스로를 객관화하는 훈련을 한다.

9. 리허설은 최소 2~3번 반복해야 한다.

고현정의 도움을 받자

고현정의 도움을 받는다는 것이 무슨 말인지 궁금할 것 같다. 나는 아침마다 배우 고현정의 도움을 받아 표정 연습을 한다. 물론 직접 지도받는 것은 아니고, 포털 사이트에서 '고현정(미실) 표정 100종 세트'라고 검색해보면 고현정 씨의 다양한 표정을 연습할 수 있다.

사람들은 스피치를 잘하려면 무언가 대단한 것을 해야 한다고 생각한다. 우리가 다이어트를 할 때 꼭 고급 피트니스센터에 가서 일대일 관리를 받아야 살이 빠지는 것은 아니다. 물론 멋진 몸매를 단시간 내에 꼭 만들고 싶다면 그럴 수 있다. 하지만 그냥 집에서 자기 전 108배를 하는 것, 조금이라도 더 움직이는 것, 아니면 신나는 음악을 틀어놓고 막춤을 20분 정도 춰도 살은 빠진다. 그러나 무언가를 할 때 이것저것 생각하다 보면 생각만 커져서 행동으로 옮기지 못할 때가 있다.

쉽게 해보자. 앞서 소개한 '고현정(미실) 표정 100종 세트'를 검색해 매일 연습하면 훨씬 부끄러움과 긴장도가 풀려 자신감 있게 말할 수 있다. 연습시 생각보다 더 과하게 표정을 지어야 한다는 사실을 기억하자. 그래야만 얼굴 근육이 풀려 말을 할 때도 근육이 자연스럽게 움직이므로 더욱 매력 있는 표정이 나온다. 세상의 모든 짐을 지고 있는 사람처럼 무서운 표정을 짓지 말자. 또한 세상의 엄격한 잣대를 만드는 사람처럼 엄격하고 진지해질 필요도 없다.

이름과 얼굴이 알려진 공기업 사장의 인터뷰 기법을 지도할 때의 일이다. 그는 자신이 누구인지 다른 사람들에게 알리고 싶지 않다며 밖에서 안이 보이지 않도록 가려달라고 했다. 더불어 자신이 인터뷰 기법을 배웠다는 사실을 누설하지 않는다는 조건의 보안계약서 작성도 요구했다. 사실 달리 말할 곳도 없었지만, 서로 신뢰를 형성해야 효과를 높일 수 있으므로 동의 후 교육이 시작되었다.

그는 정말 카리스마형이 굉장히 짙은 사람이었다. 도통 웃지를 않는 것이다. 얼굴 근육이 하나도 움직이지 않는 무뚝뚝한 스피치를 하는 것이 아닌가? 얼굴 근육을 풀고 하나씩 표정 연습을 하고 웃으면서 말하는 것의 중요성에 대해 강조했다. 그러자 이제는 너무 과하게 웃는 것이었다. 너무나 환하게 웃는 그 모습이 오히려 진심이 들어가 있지 않아 보였다.

왜 이렇게 웃는 것을 힘들어할까? 그건 평소에 웃지 않아서일 가능성이 크다. 평상시 행복한 마음을 갖고 웃자. 웃으려고 노력하자. 웃으면 행복해진다.

청중에게 질문하자

질문을 하게 되면 좋은 점은 바로 청중과 소통이 가능해진다는 것이다. 마치 가수가 마이크를 청중에게 건네며 함께 노래를 부르는 것처럼 화자가 청중에게 질문하면 청중은 마치 본인에게 말을 거는 듯한 느낌을 받는다. 이로써 청중과 함께하는 '소통 스피치'의 모습에 가까워질 수 있다.

질문을 하는 데는 많은 용기와 자신감이 필요하다. 보통의 여유 없이는 청중에게 질문을 할 수 없다. 또한 청중에게 질문할 내용을 미리 준비하지 않으면 청중을 굉장히 어렵게 만드는 질문을 할 수 있다. 예를 들면 스피치 처음부터 청중에게 참여를 요구하는 질문, 즉 "성공하고 싶으신 분 손들어보세요?"라는 질문이다. 청중은 이렇게 직접적으로 스피치에 들어올 의무도, 생각도 없다. 이러한 참여식 질문이 아니라 "예." "아니요."를 스스로 빠르게 결정지어 말할 수 있는 수사적 질문을 해야 한다.

또한 질문은 쉽게 던져야 한다. "여러분이 생각하는 성공의 의미는 어떤 철학을 담고 있습니까?" 또는 "여러분 삶에서 성공해야 한다는 것이 얼마나 중요한지 생각해본 적이 있으세요?"처럼 무슨 말인지 즉각적으로 알기 어려운 질문을 해서는 안 된다. "여러분, 성공하고 싶으세요?" "성공이 무엇이라고 생각하세요?" 등으로 쉽고 간단한 질문을 해야 한다.

현장성 일화를 넣으면 유머까지 잡을 수 있다

현장성 일화는 말 그대로 현상에서 느껴지는 분위기를 소재 삼아 말하는 것이다. 모 대표가 연말 모임에 참석했을 때의 일이다. 갑자기 앞에 나와 '한 말씀'을 하라고 하는데 도대체 무슨 이야기를 해야 할지 떠오르지 않았다고 한다. 그때 눈에 들어온 것이 무대 옆에 세워져 있는 경품이었다.

"여러분, 이렇게 다시 만나 뵙게 되어 정말 행복하고 기분 좋습니다. 오늘 오다 보니 경품이 눈에 딱 들어오더라고요. 정말 산처럼 높게 쌓인 경품들을 보면서 저도 오늘 한번 행운을 기대해봐야겠다는 생각이 들었습니다. 이렇게 행사에 경품이 많다는 것은 그만큼 대표님들이 이 모임에 큰 애정을 갖고 있다는 뜻 아니겠습니까? 저도 더 큰 애정을 갖고 이 모임에 임해야겠다는 생각이 들었습니다. 우리가 이렇게 만난 인연 소중히 생각해 오랫동안 이어갑시다."

이렇게 말하는 것이 바로 현장성 일화를 활용하는 것이다. 해당 현장과 관련된 일화를 활용하면 청중과 같은 공간, 같은 시선, 같은 느낌을 공유할 수 있어 더욱 큰 공감을 얻을 수 있다.

시즌성 일화를 활용하자

시즌성 일화는 딱 그때에만 공감할 수 있는 내용을 가지고 말하기 때문에 사람들의 반응을 얻어내기 쉽다.

홈쇼핑 쇼핑호스트들은 연말에 꼭 하는 몇 가지 레퍼토리가 있다. "우리 주부님들 1년 동안 자신한테 투자한 것 뭐가 있으세요? 만날 남편과 자식들만 생각하고 살았잖아요. 연말입니다. 연말에는 나 자신에게 선물을 해주자고요." 또는 명절 때가 되면 "여러분, 부모님께 자주 전화 드리세요? 자주 전화하고 싶지만 마음의 여유가 없어 그러지 못하잖아요. 더군다나 명절이라고 뭔가 보내긴 해야 할 것 같아 마음에 들지도 않은 선물을 드렸다가 돈 아까웠던 경험 많으시죠? 부모님께 건강을 선물하세요. 홍삼만큼 좋은 선물이 없습니다."라는 식의 레퍼토리다.

시즌성 일화는 그 당시의 날씨와 계절, 절기, 화제가 되는 뉴스 등을 활용해 이야깃거리로 삼아 말을 만드는 것이다. "여러분, 오늘이 입춘이라고 하던데 정말 봄이 성큼 다가온 것 같죠?" 이렇게 말이다. 이러한 시즌성 일화 또한 현장성 일화처럼 청중의 공감을 크게 얻어낼 수 있다.

동국대학교에서 전국의 주지 스님 30~40분을 모시고 스피치 수업을 매수 1회씩 8수 농안 진행한 적이 있다. 그 덕분에 라온제나 스피치 아카데미 신촌점을 오픈했을 때 주지 스님 20분이 아카데미 개원식에 참여해주어 얼마나 감사했는지 모른다(그래서 신촌점이 빨리 안착할 수 있었나 보다).

그때 스님들께 신자들과 공감할 수 있는 관계형 스피치 스타일을 강조한 적이 있었다. 하지만 스님들은 일반 신도들의 삶을 직접 경험하지 못해 그네들의 마음을 온전히 알기기 쉽지는 않다고 했다. 어찌 보면 신도들은 자신의 경험에 대해 온전히 공감해주기보다는 자신을 다른 사람과 조금이라도 특별하게 생각하고 애정을 주는 것에 목말라할 수 있다.

매년 200곳이 넘는 기업체 강의를 하면서 느끼는 것이 하나 있다. 내가 그 모든 기업의 IR(투자정보)을 분석해 각각에 맞는 정보를 주는 것은 아니지만, 내가 알고 있는 조금의 정보라도 애정과 열정을 담아 표현하는 것, 그리고 평소 어떤 상품을 쓰든 누구를 만나든 그것과 관련된 사항을 꾸준히 모으려는 관심이 청중의 더 큰 흥미를 얻어낸다는 것이다. 평소 모든 것에 관심을 갖자. 그리고 애정을 쏟자.

"양방향 커뮤니케이션은 관계형 스피치 스타일에서 시
작된다."

관계형 스피치 스타일을 카리스마형으로 바꾸는 방법

상대를 너무 배려해 관계형 스피치 스타일의 장점을 활용하기 어렵다면
카리스마형을 강화하는 것도 좋은 방법일 수 있다.

관계형 스피치 스타일을 구사하는 사람들은 기본적으로 청중에 따라 유연하게 자신의 스피치 스타일을 바꿀 수 있는 사람들이다. 사실 청중과 주고받는 스피치를 한다는 것 자체가 스피치의 메시지를 정확하게 알고, 이것을 여유 있게 표현하는 것이기 때문에 어느 정도 카리스마형도 갖추었다고 해야 한다. 하지만 관계형의 점수는 높으면서도 유독 카리스마형 점수는 낮게 나오는 사람들이 있다.

카이스트 기술경영전문대학원 석·박사 학생들을 대상으로 스피치 강의를 한 적이 있다. 이들 중 상당수는 논리형과 관계형은

굉장히 높게 나왔지만 카리스마형은 굉장히 낮은 점수를 보였다. 기술경영이라는 과목 특성상 이공계 학생들이 많았는데 그러다 보니 논리형이 많았고, 기술을 경영과 접목한 학문을 공부하기 때문에 관계형 점수도 높게 나왔다. 그런데 신기한 것은 카리스마형 점수가 매우 낮게 나왔다는 점이다. 상대방을 너무 배려하고 경청하며 공감하다 보니 조금은 사람의 마음을 이끄는 카리스마가 부족했던 모양이다.

만약 여러분 가운데 관계형 점수는 높은데 카리스마형 점수가 낮게 나왔다면 조금 더 카리스마형 스피치 스타일을 가질 수 있도록 노력해야 한다. 무엇이든 지나치면 좋을 것이 없다. 아무리 관계형 스피치 스타일의 점수가 높게 나왔다고 하더라도 카리스마형 점수가 너무 낮게 나왔다면, 이 역시 스피치에 대한 중심이나 확신이 없다는 뜻이므로 퍼블릭 스피치에서 좋은 스피치를 하게 될 가능성이 적다.

타인과의 관계를 좋게 하려면 일단 본인이 중심을 잘 세워야 한다. 스스로 자신감이 없는데 어찌 타인을 생각할 여유를 가질 수 있단 말인가?

그럼 부족한 카리스마형 점수를 채우기 위해 어떤 훈련을 해야 할지 알아보자.

스피치 내용에 전문성을 키우자

사람들이 듣고 싶은 말만 할 수 있으면 얼마나 좋겠는가? 성과급을 올려달라는 직원들에게 그러겠다고 시원하게 말하는 것이 경영자 입장에서도 편하다. 하지만 이 사안이 한 번의 성과급 인상으로 끝나는 것이 아니라 다른 팀과의 형평성, 비용의 상승, 한계효용 체감의 법칙으로 인한 후유증을 생각해 쉽게 승낙하지 못하는 것이다.

상대방이 듣고 싶은 말을 하는 것 또한 정말 중요하다. 하지만 모든 것을 상대방의 기준에 맞춰서만 말할 수는 없다. 일단 자기가 말하고자 하는 내용의 전문성을 키우자. 상대방이 듣고 싶지 않더라도 새로운 정보가 가득해 들을 수밖에 없게 해보자. 그럼 한결 카리스마 있고 중심이 잡힌 스피치를 하게 될 것이다.

스피치에 전문성을 키우는 방법은 다음과 같다. 첫째로 본인이 잘 알고 있는 내용으로 스피치 주제를 삼는 것, 둘째로 전문지식을 학습하는 것, 셋째로 전문지식이 이론지식에서만 끝나는 것이 아니라 실용지식으로 확장될 수 있도록 일상에서도 계속 의식해 활용해보는 것, 이렇게 3가지다.

통찰insight은 몰입에서 나온다. 본인이 얼마나 스피치 내용에 몰입해 있느냐에 따라 통찰력이 보일 수도 있고, 그렇지 않을 수 있다. 사람들은 통찰력이 굉장히 의미심장한 순간에 나온다고 생각하지만 사실은 그렇지 않다. 심적으로는 몰입한 상태, 육체적으로는 편안한 상태, 그리고 정신적으로는 건강한 상태, 이 3가지가 갖추어지면 통찰이 생긴다.

청중의 반응에 너무 신경 쓰지 말자

청중과 관계를 너무 중요하게 여기다 보면 종종 본인이 의도하지 않은 말을 하게 될 때가 있다. 특히 관계형의 경우, 청중의 반응에 휘둘리면 자신이 원래 하고자 했던 방향과 어긋나 배가 산으로 가는 경우가 종종 있다. 청중의 반응도 중요하지만 자신이 하고자 했던 원래의 틀까지 바꿔서는 안 된다. 청자를 너무 신경 쓰지 말자.

또한 '오늘 나의 스피치가 잘 안 된 것은 모두 나의 탓이야.'라고 생각하는 사람들이 있는데 절대 그렇게 생각하지 말자. 스피치를 할 때 화자와 청자의 책임은 7:3 정도다. 내가 스피치를 잘못 준비한 것은 '7'이고, 스피치에 집중하지 않은 청자의 잘못도 '3' 정도는 있다. 화자가 말을 하면 그 말에 집중해야 하는 것이 청자의 도리인 것을 잊지 말자.

휴대전화를 만지작거린다든지 옆 사람과 떠드는 청중들도 있고, 무표정으로 계속 째려보는 듯 쳐다보는 사람들도 있다. 나는 스피치 수업 도중 청자의 표정을 카메라로 몰래 찍어 보여준 적이 있다. 그때 모두들 자신의 표정이 이런 줄 몰랐다며 깜짝 놀라는 것이 아닌가? 오늘 한 스피치가 실패했더라도 100% 모두 본인의 잘못은 아니라는 사실을 잊지 말자.

항상 좋은 정보만 제공할 수는 없다

항상 청자에게 좋은 정보만 제공할 수는 없다. 시간상·인원상 제약이 있기 때문이다. 그 스피치를 위해 10일씩, 혹은 석 달씩 투자할 수 있으면 좋지만 우리에게 주어지는 시간은 그리 많지 않다. 그리고 청중 인원이 많고 성별과 연령, 관심사도 다양하다면 일일이 청중을 분석해 말한다는 것은 무리다.

만약 스피치를 하고 있다가 본인이 청자에게 좋은 정보를 제공하지 않아 사람들이 스피치에 집중하지 않는다면 어쩔 수 없다. 당연한 것이다. 자신이 알고 있는 것이 '10' 전체는 아니지만 알고 있는 '1'이라도 제대로 알려주자는 마음으로 스피치를 마무리하는 것이 청자와 본인을 위하는 길이라는 것을 잊지 말자.

블랙 스피치를 하자

블랙 스피치는 감성형 스타일을 논리형으로 바꿀 때 언급했던 내용이기도 하다. 블랙 스피치는 일명 '나쁜 스피치'로 상대방을 일부러 화나게 하거나 곤궁에 빠뜨려 설득하는 기술을 말한다. 물론 소통면으로만 본다면 이 블랙 스피치만큼 나쁜 것은 없다. 하지만 이러한 블랙 스피치가 꼭 필요한 순간이 있다.

만약 매일같이 5분씩 늦게 출근하는 부하직원이 있다고 해보자. 공감하고 배려하고 경청했음에도 이 직원이 자기 말을 듣지 않는다면 이제까지의 소통은 더이상 좋은 방법이 아니다. 서로의 관계를 생각하고 배려해 말하는 것이 그 직원과 본인에게 도움이 되지 않는다면 "내일부터 일찍 오게. 만약 내일부터 한 번이라도 늦는다면 바로 사직서 제출할 생각하게."라고 협박을 한다든지 "회사 그만 다니고 싶나? 그럼 어서 빨리 다른 길을 찾아보게."라고 호되게 말하는 것이 더 현실적이고 도움이 될 수 있다. 관계만을 강조하면 나쁜 것을 나쁜 것이라고 말하지 못할 수 있다. 이럴 때는 블랙 스피치의 도움을 받자.

사실 '일부러 관계형 스피치 스타일을 카리스마형으로 바꾸려는 노력이 꼭 필요할까?'라는 의문이 들 정도로 관계형 스피커는 참 멋진 스피치 스타일이다. 하지만 본인이 상대방을 너무 배려해 오히려 관계가 건강하게 유지되지 않는다면 카리스마 있는 당당한 모습을 갖는 것도 중요하다.

다시 한번 말하지만 카리스마와 관계, 논리와 감성, 이렇게 4가지 모두가 좋은 스피치를 하기 위해 반드시 필요하다. 자기가 말할 주제와 목적에 따라, 청중의 성향에 따라 이 4가지 스피치 스타일을 요리조리 표현해내는 카멜레온과 같은 스피커가 되길 바란다.

"상대방과의 관계를 너무 고려하면 정작 해야 할 말을 못할 수도 있다."

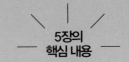

1. 관계형 스피치 스타일의 장점

   • 청중과 서로 소통하는 스피치를 한다.

   • 혼자 말하지 않고 여유로운 느낌이 있다.

   • 청중의 관심을 유발해 전반적으로 즐거운 분위기를 연출한다.

   • 퍼포먼스가 강해 스피치를 보는 재미가 있다.

   • 동기부여를 해준다.

   • 청중과 공감대를 형성하고 친근감을 준다.

   • 청중과 함께 무대를 만들어가는 느낌이다.

   • 청중에게 질문을 잘한다.

2. 관계형 스피치 스타일의 단점

   • 청중을 너무 의식해 반응이 좋지 않으면 자신감이 하락한다.

   • 청중의 반응에 따라 스피치의 결과가 천차만별이다.

   • 청중의 눈치를 지나치게 볼 수 있다.

   • 준비한 스피치 내용이 청중의 공감을 얻지 못하면 지루한 스피치
   가 될 수 있다.

여러분은 행복한가? 어떤 일을 할 때 무리 없이 동의를 얻어내는가? 본인이 좋아하는 청중이 아니거나 잘 알지 못하는 청중 앞에서도 포커페이스를 유지하며 말할 수 있는가? 일반적으로 자신이 좋아하지 않은 사람, 자신에게 낯선 상황과 환경, 자신이 좋아하지 않는 주제에 대해 말을 할 때, 자신이 갖고 있는 안 좋은 스피치 스타일을 그대로 표현하는 사람들이 많다. 스피치 전문가와 초심자의 차이는 잘할 때와 못할 때의 차이가 어느 정도냐는 것이다. 앞으로 이 장을 읽은 독자라면 떨려서, 안 해봐서, 또는 잘 몰라서 그렇게 스피치를 할 수밖에 없었다고 변명하지 말자. 이 장의 구체적인 스피치 스타일 교정 사례를 통해 여러분이 갖고 있는 스피치 스타일의 보완할 점을 교정했으면 한다.

6장

내 스피치 스타일엔 분명 문제가 있다

대기업 사장,
관계형 스피치 스타일을 완성하다

평사원으로 입사해 사장의 자리에 오를 정도로 뚝심 있고 능력 있는
대기업 사장의 스피치 스타일 완성 사례를 살펴보자.

카리스마형 점수는 낮고 관계형 점수는 높았던 대기업 사장 A
의 사례다. 라온제나 스피치 아카데미에서 다급하게 나를 찾는 전
화가 왔다. 유명 대기업 대표가 오늘 꼭 만났으면 좋겠다고 한다
는 전화였다. 때마침 여유가 있어 신촌점으로 향했고 그곳에서 왜
소한 체구, 작은 얼굴이지만 눈에는 카리스마가 가득한 그를 만나
이야기를 나누었다.

"어제 신입사원 연수가 있었어요. 연수 둘째 날 150명의 신입사
원 앞에서 한 시간 동안 강의를 했죠. 그런데 스피치가 끝나고 그
친구들한테 얼굴을 들 수 없을 정도로 너무 창피했어요. 아…. 완

전히 망쳤습니다. 너무 떨려 어떻게 스피치를 마치고 내려왔는지
도 모르겠어요."

어느 정도 대화를 나눈 다음 A의 스피치 스타일을 진단해보았
다. 그랬더니 카리스마형 점수가 굉장히 낮고 관계형 점수는 높게
나온 것이 아닌가?

강의나 프레젠테이션 등의 퍼블릭 스피치는 카리스마형 점수
가 높은 사람들이 훨씬 더 잘한다. 스스로에게 자신감이 있기 때
문이다. 그러나 A는 카리스마형 점수는 낮지만 관계형 점수가 높
게 나와 '아, 이분은 카리스마는 부족하지만 상대방과 소통하는
스피치를 참 좋아하는구나. 그래서 더욱 소통이 안 되니 괴로워하
는구나.'라는 생각이 들었다.

진단 및 원인 분석

보통 현재의 스피치 스타일에는 그 원인이 있다. 그러나 A는
어렸을 적의 경험이나 자신감 부족, 논리적인 콘텐츠 부족 등의
원인을 딱히 찾을 수 없었다. 평사원으로 입사해 30여 년이 넘은
지금 사장의 자리에 오를 정도로 뚝심도 있고 내공도 있는 사람
이었다. 더군다나 관계형 점수가 높은 것으로 봐선 소통의 필요성

을 못 느끼는 것도 아니었다. '내가 맥을 잘못 짚고 있다.'라는 생각이 들어 다시 원점으로 돌아가 생각해보았다.

"사장님, 신입사원 연수 때 망신당하셨다고 했잖아요. 그때 어떤 말씀을 하셨던 거예요?" "강의를 하는데 분위기가 좋지 않은 것 같아서 제가 유머를 하나 던졌어요." "어떤 유머죠?" "여러분, 우리 기업은 처음에 껌으로 지금까지의 성장을 이끌어왔는데요. 껌의 주원료가 뭔지 아세요?" 신입사원들이 '껌의 원료가 뭐지?'라고 수군거리자 사장은 "여러분, 껌은 고양이 뇌로 만듭니다."라고 말하면서 〈검은 고양이 네로〉 노래를 불렀다고 한다.

그리고 정적. 웃어야 할지 울어야 할지 몰랐던 신입사원들은 황당한 표정을 지었다고 한다. 이때부터 어떻게 스피치를 했는지 모르겠다고 했다.

해결책 1: 성의 있는 유머를 구사한다

해학도 없고 통찰도 없고 삶의 희로애락도 들어가 있지 않은 유머 모음집에 나올 법한 성의 없는 유머를 구사해서는 안 된다. 유머는 공감에서 나온다. 스피치를 하면서 청중의 마음과 생각, 표정을 내가 소리 내어 읽어주면 사람들은 자신과 소통한다는 생각이 들면서 자연스러운 유머가 나온다.

사람들이 공감할 수 있는 이야기를 전개하다 미처 생각하지 못한 반전을 줄 때, 재미가 나온다. 이것이 바로 성의 있는 유머다. 〈검은 고양이 네로〉를 부르는 것보다는 신입사원 시절 실패했던 경험, 본인이 직장생활을 하면서 가장 참기 힘들었던 순간, 슬럼프를 극복했던 방법, 조직생활을 하면서 가장 행복했던 일 등을 솔직하게 풀어냈다면 해학과 통찰이 넘치는 고급 유머를 구사할 수 있었을 텐데 정말 안타까웠다.

해결책 2: '경-정-현-시'의 총알을 준비한다

A와 함께 스피치의 기본이 될 수 있는 논리형 스피치부터 훈련을 시작했다. 그리고 성의 없는 유머를 활용하지 않도록 '경-정-현-시'를 중심으로 한 스토리텔링 훈련을 실시했다. 경험성·정보성·현장성·시즌성 일화를 준비해 다시 스피치를 연습했더니 "이렇게 미리 준비했다면 망신을 당하지 않았을 텐데."라며 늦게나마 알게 된 것에 감사해했다.

스피치를 할 때 상대방을 배려하는 것은 정말 중요하다. 하지만 배려에 앞서 생각해야 할 것은 말하는 사람은 그 공간에서만큼은 '리더'라는 것이다. 리더가 중심을 지키지 못하고 남을 배려만 한다면 배는 산으로 갈 수밖에 없다. 중심을 지키자. 자신이 말할 수 있는 소재를 살피고 논리적으로 정리한 다음, 이 스피치가 과연 청중에게 어떻게 들릴지를 고민하자.

"퍼블릭 스피치에는 카리스마가 필수다. 자신을 강하게 만들자."

직장상사의 마음을 잡는 스피치 스타일

남성 직장상사와의 퍼블릭 스피치를 어려워하던 직장 여성의 스피치 교정사례를 통해 남성과 여성의 언어 차이를 확인해보자.

패션업계에 30여 년간 근무한 뒤 임원이 된 여성 B가 있었다. 감각도 뛰어나고 부하직원에게 좋은 상사로 평가되는 등 매우 능력 있는 여성이었지만, 패션팀이 아닌 구매·물류팀의 임원이 된 것이 문제였다. 패션회사 회장은 디자이너가 바라보는 관점에서 구매·물류를 보라는 의도로 구매·물류팀에 B를 배치했으나 평생 디자인만 한 B에게는 모든 것이 낯설게 느껴졌다.

더군다나 매주 월요일에 임원들이 함께하는 회의는 곤혹이 아니라 곤욕 그 자체였다. 다른 남성 임원들은 여유롭게 말을 잘하는데 자신만 맞지 않은 옷을 입은 것처럼 낯설게 느껴졌다는 것이다. 그도 그럴 것이 디자이너로 직원들과 커피를 마시며 자유롭게 의견을 나누던 것에 익숙했던 B에게 딱딱한 분위기의 퍼블릭 스피치가 어색하게 느껴진 건 당연하다.

보고가 끝나면 항상 '어떻게 하지. 회장님의 얼굴이 안 좋던데…. 내가 너무 리더십 없게 말을 했나?'라며 자책했다. 남성의 언어는 여성의 언어와 다르다고 느껴져 '남성의 스피치 스타일'을 배우고 싶어 나를 찾아왔다.

진단 및 원인 분석

여성들은 감성형 스피치 스타일을 갖고 있는 경우가 많다. 남성들이 선호하는 카리스마 있고 논리적인 스피치 스타일을 오히려 어색하게 느끼고 공격적으로 느낀다. 이러한 부드러운 모습이 오히려 남성 직장상사들에게는 유약하게 느껴질 수 있다.

B는 남성의 언어에 대한 훈련을 통해 남성 직장상사의 마음을 잡는 스피치 스타일을 가지게 되었고, 회장 앞에서도 당당히 말하는 자기 자신을 발견할 수 있었다.

해결책 1: 직접 화법을 쓴다

남성들은 말을 명확히 해줘야 이해한다. 예를 들어 "아, 왜 이렇게 목이 마르지? 저녁에 짠 음식을 많이 먹었나?"라고 말하며 남편에게 물을 갖다주길 바란다면, 이는 남자를 몰라도 너무 모르는 것이다. 이렇게 돌려서 말하면 남성들은 절대 알아듣지 못한다. 그래서 "저녁을 너무 짜게 먹었나 보다. 그렇게 자꾸 짜게 먹으니까 살이 찌지." 이렇게 대꾸를 하는 것이다.

만약 남성에게 물을 갖다달라고 말을 하고 싶을 땐 직접 화법을 사용하자. 그냥 "물 좀 갖다줘!"라고 말하는 것이다. 여성들은 '상대방이 내 말을 너무 강압적으로 느끼면 어떻게 하나? 그래서 기분이 나쁘면 어쩌지?'라는 생각에 간접적으로 말하는 경우가 많다. 하지만 돌려 말하면 남성들은 알아듣지 못한다.

직장 내에서 여성 직장상사가 근무태도가 좋지 않은 남성 부하직원에게 "이 대리, 요즘 뭐 신경 쓰는 일이나 힘든 일 있어?"라고 말한다면 그 직원은 속으로 '왜 그러시지? 나한테 왜 관심을 가지는 거야?'라고 생각하지 '내 근무태도에 문제가 있어서 저런 말씀을 하시는구나!'라고 속뜻을 알아차리지는 못한다. 이럴 때는 차라리 "이 대리, 요즘 근무태도가 좋지 않아. 회사 일에 집중 좀 해!"라고 정확하게 말해주는 것이 좋다.

여성 부하직원이 남성 직장상사에게 보고할 때도 마찬가지다. "상품 변질을 막기 위해서 상품 포장하는 방법을 바꾸는 것이 어떨까 싶습니다."라고 말하기보다는 "상품 변질을 막기 위해서는 상품 포장하는 방법을 바꿔야 합니다."라고 직접적이고 단호하게 말하는 연습을 해보자.

해결책 2: 새로운 정보를 넣어 말한다

남성들은 신제품, 뉴스 등 새로운 것을 좋아한다. 그래서 "남성은 언제나 처음 본 여자를 좋아한다."라는 우스갯소리도 있지 않은가? 남성들은 자신에게 도움이 되는 새로운 정보가 들어가 있는 말을 좋아한다. 자신이 경험하지 못한, 그리고 알지 못하는 정보를 말하면 남성들은 귀를 쫑긋 세운다.

남성들이 좋아하는 소재 가운데 하나가 바로 '명언'이다. 명언은 완전히 새롭지는 않아도 마음속에 있던 정보를 일깨워주는 역할을 하기 때문에 남자들이 새롭다고 생각한다.

'성공하기 위해서는 최선을 다해야 한다.'라는 주제를 전달할 때 "성공하는 사람에게는 삼심三心이 있다고 합니다. 초심·열심·뒷심인데요. 초심을 잊지 않고 열심히 하고, 마지막에 뒷심까지 발휘한다면 우리도 성공할 수 있습니다."라고 남성 청자에게 말하면 '나도 저 말을 나중에 활용해야겠다.'라는 생각을 하며 수첩에 적는 경우가 많다. 남성들에게 스피치의 의도를 강력하게 전달하고 싶은가? 그럼 똑같이 말하지 말고 다르게 말하라.

해결책 3: 구체적인 수치를 넣어 말한다

남성들은 말 속에 구체적인 수치나 통계를 이용하는 것을 좋아한다. 예를 들어 "중국으로의 수출이 호조를 이루고 있어 올 상반기 실적은 좋을 것으로 기대됩니다."라고 말하는 것보다 "작년 하반기 중국의 수출 실적 상승률은 7.4%였습니다. 하지만 올해 상반기는 10.6%로 3.2%p 상승할 것으로 보입니다. 이렇게 수출 실적이 좋아진 이유는 신상품이 베이징과 쓰촨 성 지방에 집중적으로 수출되었고, 중국 내 우리 회사의 이미지 제고가 큰 몫을 했습니다."라며 구체적인 수치를 넣어 자세히 말해야 '아, 정말 그렇구나. 그래서 수출 실적이 이렇게 올라갔구나.'라고 남성을 설득할 수 있다.

해결책 4: 결론부터 짧게 말한다

말을 할 때 두괄식으로 말하는 것과 미괄식으로 말하는 것에는 아주 큰 차이가 있다. "우리 회사는 몇 년째 신상품이 나오지 않고 있고, 경쟁업체도 많이 생겨났습니다. 또한 정부에서의 규제도 심해지고 있어 경영이 아주 어려운 상황입니다." 미괄식은 자기가 말하고자 하는 주제인 '경영이 아주 어려운 상황'이라는 내용을 뒤에 넣는 방식을 말한다. 말은 글과 달리 이해되지 않았다고 해서 앞으로 되돌아갈 수가 없다. 그래서 미괄식보다는 두괄식으로 자기가 말하고자 하는 메시지를 앞에 배치해 먼저 생각의 초점을 좁혀준 다음(힌트를 미리 주고), 그다음 내용을 전달하는 것이 생각의 잡음을 없앨 수 있어 더욱 전달력이 커진다. 이게 바로 두괄식이다.

"우리 회사는 현재 경영이 매우 어려운 상황입니다. 몇 년째 신상품이 나오지 않고 있고, 경쟁업체도 많이 생겨났습니다. 또한 정부에서의 규제도 심해지고 있죠. 경영혁신이 필요합니다." 이렇게 말해주는 것이다. 물론 '경영혁신이 필요하다.'라는 내용을 먼저 넣어주면 더욱 좋다.

해결책 5: 칭찬의 언어를 사용한다

남성들이 100% 논리적·이성적인 사람이라고 생각하면 그건 오해다. 겉으로는 굉장히 논리적으로 이성적으로 보이겠지만 사실은 감성도 예민한 사람들이다. 특히 여성들보다 남성들이 자신을 인정해주고 칭찬해주는 것에 약하다. 누군가가 자신을 칭찬하면 그만큼 자신의 능력이 인정받았다고 생각되고 어깨가 으쓱해진다.

물론 여성들도 칭찬받는 것을 좋아한다. 남성과 여성의 다른 점은 '구체성'이다. 여성들은 칭찬할 때 구체적으로 해주는 것을 좋아하는 반면 남성들은 구체적인 것보다는 그저 '단순 찬사법'으로 칭찬을 해줘도 좋아한다. "정말 멋지다." "잘 어울린다." "능력이 좋다." 등 단순하게 칭찬하는 것이다. "이 대리, 이번에 실적 엄청 올랐던데 열심히 야근하고 휴일에도 나와 근무하더니 실적이 확 올랐네. 아주 잘했어." 이렇게 말하면 남자들은 '왜 나한테 관심을 갖는 거지?'라고 생각하며 도리어 오해할 수도 있다. 그저 단순하게 "아주 잘했어."라고 칭찬해주자. 이것만으로도 남성들은 큰 감동을 받는다.

이성적이고 논리를 중요시하는 남성 직장상사의 스피치 스타일에 상처를 받는 여성 직원들이 종종 있다. 어떤 사람이 SNS에 자신의 사진을 올리며 "오늘 미용실에서 머리 스타일을 바꿨어요. 육아를 열심히 하니 얼굴이 많이 늙었네요."라고 남겼다.

여기에 사람들이 댓글을 올렸다. 여성들은 대부분이 "아니에요. 예뻐요."라고 답을 했는데 남성들은 "제 부인도 육아를 하다 보니 많이 늙었어요."라는 식의 답변이 많았다. 논리와 이성만이 사람의 마음을 얻을 수 있는 방법이 아니라는 것을 남성들은 왜 알지 못하는 걸까?

함축적인 언어를 좋아하고, 구체적인 수치를 좋아하고 이성적인 단어를 선택하는 남성들의 언어를 이해해보자. 어렸을 적부터 "남자는 강해야 해. 넌 남자야."라고 강요받고 자랐기 때문에 더욱 감성은 퇴화되고 이성이 강해졌을 테니 말이다.

"남성의 언어는 여성의 언어와 명확히 다르다는 것을 인식하자."

부하직원에게 주의를 줄 때
효과적인 스피치 스타일

상사의 입장에서 직장 내 부하직원에게 쓴소리를 해야 할 때,
관계를 망치지 않으면서도 의도를 잘 전달할 수 있는 방법이 있다.

친환경 건설자재를 공급하는 회사의 사장이 나에게 전화를 했
다. 사업 초창기부터 함께한 아끼는 후배가 있는데 너무 카리스마
가 강해 부하직원들과 사이가 좋지 않다는 것이다. 회사에서 엄
하고 깐깐하기로 유명한 C는 권위적이고 강압적이라 부하직원을
꾸중할 때 항상 너무 강하게 대해 문제가 생겼다. 나는 C를 직접
만나 부하직원에게 주의를 줄 때 사용해야 하는 바람직한 스피치
방법을 찾아보기로 했다.

진단 및 원인 분석

C는 사업 초창기 멤버였다. 물론 본인이 회사의 대표는 아니었지만 무에서 유를 창조한 지금의 회사를 만드는 데 자신이 누구보다도 지대한 역할을 했다고 생각했다. 그런데 이제 사업이 안정기에 들고 새로운 직원들이 들어오니 분위기가 너무 해이해진 것 같아 부하직원들을 보면 괜시리 화가 나고 크게 소리치게 된다고 말했다.

해결책 1: 상대방의 핫버튼은 누르지 않는다

핫버튼hot-button을 누르는 것은 상대방이 자신의 약점이나 민감하게 받아들이는 사항에 대해 말하는 것을 말한다.

예를 들어 학벌에 자신감이 없는 사람에게 "그래서 대학교는 스카이 정도는 나와주어야 해. 지방대는 이래서 안 된다니까!"라고 하거나, 워킹맘에게 "아, 아줌마들은 진짜 집에만 있어야 해. 나와서 일하는 게 남자들한테는 완전 민폐라니까!" 등으로 말하는 것은 안 된다. 특히 화를 낼 때 상대방의 약점에 대해서는 건드리지 않는 것이 좋다.

해결책 2: '상감요' 화법으로 말한다

부하직원을 훈계할 때 앞뒤 상황을 모두 빼고 그냥 혼내기만 하는 상사가 많다. 하지만 상사가 인지한 '상황', 그 문제로 인해 느낀 '감정', 그리고 구체적인 '요청'을 넣어 꾸중을 하는 것이 좋다. 만약 매일같이 5분씩 지각하는 직원이 있다면 "너 왜 매일 늦어? 직장이 무슨 놀이터인 줄 알아? 다 일찍 오는데 왜 너만 계속 늦냐고!"라고 화를 내지 말고 다음과 같이 말해야 한다.

[상감요 화법]

: 상황 :

"내가 2주 동안 이 대리를 지켜보았어. 지난 2주, 근무일 10일 동안 총 4회를 늦더라."

: 감정 :

"나는 이 대리가 늦게 오면 무슨 일이 있나 걱정돼. 그리고 이 대리가 자꾸 선배들한테 혼나지는 않을까 속상해. 또 내가 일찍 오라고 몇 번이나 말했는데도 따르지 않으니까 서운하기도 하고…."

: 요청 :

"딱 10분만 일찍 와. 일찍 출근할 수 있겠지?"

해결책 3: IF 화법으로 말한다

IF 화법은 가정형 '만일 ~라면'을 이용하는 방법으로, 부하직원의 단점을 콕 찍어 말하는 것이 아니라 긍정과 부정을 섞어 돌려서 말하는 화법이다. 예를 들어 보고서에 항상 오타가 많은 직원이 있다면 "왜 이렇게 오타가 많아? 정신을 어디에 놓고 있는 거야?"라고 말하기보다는 "정 대리는 아이디어도 좋고 일처리도 빠르고 다 좋은데, 항상 오타가 많아. 보고서를 작성할 때 오타 없이 정확히 해줄 수 있겠어?"라고 말하는 것이다. 먼저 그 사람의 긍정적인 면을 말하고 쓴소리는 나중에 하는 것이다.

해결책 4: 사실근거 화법을 구사한다

간혹 일을 시키다 보면 왜 그 일을 자기가 해야 하는지 따져 묻는 직원이 있다. 그러나 상사가 일을 시키면 무조건 해야 하는 시절은 지나갔다. 자신이 왜 지금 이 일을 해야 하는지 묻는 직원에게는 "상사가 하라고 하면 해야지, 무슨 말이 많아?"라고 다그치기보다는 사실근거 화법을 이용하자.

사실근거 화법은 말 그대로 구체적인 수치와 자료를 보여주며 사람을 설득하는 것이다. "이 대리, 자네가 이번에 고객사 분석 보고를 해주었으면 좋겠어. 현재 정 대리와 박 사원은 새로운 프로젝트를 기획중이고 정 과장은 이번에 사장님 보고가 있잖아. 현재 이 일을 할 수 있는 사람은 이 대리뿐이네. 특히나 고객사 분석은 이 대리가 지난번에도 했던 보고라 연계성도 있고, 그때 보고를 참 잘했잖아. 이번에 이 일을 맡아주게."

특히 논리형의 부하직원에게는 사실근거 화법이 잘 통한다. 하지만 이 화법을 사용할 때는 논리에 치중해 상대방의 감정을 상하게 해서는 절대 안 된다. 더불어 적절한 칭찬도 함께 해주면 훨씬 효과가 좋다.

해결책 5: 부하직원의 스피치 스타일을 파악한다

앞에서 언급한 스피치 스타일을 부하직원들에게 대입해보자. 첫 번째는 '논리형'이다. 꾸중을 할 때도 논리적으로 말을 해줘야 알아듣는 유형이다. 논리형인 직원은 사실근거 화법으로 주의를 주는 것이 아주 효율적이다.

두 번째는 '감성형'이다. 감성형은 논리형과 반대로 사실근거 화법으로 야단치면 감정을 크게 다치기 때문에 적절하지 않다. 감성형의 직원은 먼저 그의 마음에 공감하고 마음을 읽어준 다음 주의를 주는 것이 좋다. 예를 들어 직원이 고객 응대를 잘못해 큰 클레임이 들어왔다. 상사는 부하직원에게 "너 어떻게 한 거야? 일을 그런 식으로 처리하면 어떻게 해?"라고 말하기보다는 "너도 참 많이 당황했겠다. 힘들었지. 하지만 그렇다고 해서 고객응대를 그렇게 하면 안 되지."라고 말하는 것이다.

세 번째는 '카리스마형'이다. 카리스마형은 자존심이 세다. 그래서 다른 사람이 옆에 있을 때 혼을 내서는 안 된다. 따로 불러 주의를 주어야 한다. 그리고 가급적 그 사람이 갖고 있는 '능력'에 초점을 맞추기보다는 능력은 있으나 '노력의 방향'이 잘못되었다고 말하는 것이 좋다. 예를 들어 "이번 일은 충분히 자네 능력으로는 할 수 있는 일이었는데 그 방향이 옳지 않았던 것 같아."라고 말이다.

마지막은 '관계형'이다. 관계형은 주의를 받기도 전에 '이번 잘못으로 상사가 자기를 못 믿으면 어떻게 하지?' '내가 상사를 실망시킨 것이 아닌가?'라고 자책하고 있는 경우가 많다. 관계형인 부하직원에게는 "네가 잘못을 했지만 너에 대한 믿음은 변치 않아."라고 말해주는 것이 좋다.

해결책 6: 낮은 톤을 사용한다

목소리의 톤이 올라가면 지나치게 공격적인 말이 아닌데도 상대방에게 상처를 줄 수 있다. 누군가를 야단쳐야 한다면 가급적 목소리의 톤을 낮춰 조용히 말하자. 훨씬 더 안정감 있게 느껴지고 객관적으로 들린다.

우리가 화를 내거나 신경이 날카로워지면 가장 먼저 높아지는 것이 목소리다. 목소리 톤을 높여 화를 내는 것은 그만큼 그 말 안에 감정이 섞여 있다는 뜻이다. 가급적 화를 낼 때는 감정은 배제하고 정확한 사실만을 바탕으로 혼을 내는 것이 좋다.

사람은 마음을 다치면 그 어떤 논리도 받아들이려 하지 않는다. 특히나 우리가 대화를 하는 목적은 감정교류에 있기 때문에 리더는 부하직원에게 동기부여를 할 때 논리라는 카드를 먼저 꺼내서

는 안 된다. 부하직원의 감정을 먼저 알아주자. 그리고 그다음 논리를 넣어라. 그럼 한결 소통하는 리더의 모습을 갖출 수 있다. 하지만 상대방의 감정까지 읽어주고 배려해주려면 자신의 마음부터 건강해야 한다는 사실을 잊지 말자. 내 마음이 부정으로 가득차 있으면서 다른 사람의 마음을 헤아릴 수는 없다. 평소 신체적 건강관리만 할 것이 아니라 마음에 대한 건강관리도 해야 한다는 것을 잊지 말자.

"카리스마가 너무 강하면 불통不通이 된다."

상대의 마음을 얻을 수 있는
연애 스피치 스타일

여성들이 좋아하는 스피치 스타일은 따로 있다. 연애가 잘 안 되거나
대화하기가 어렵다면 연애 스피치 스타일에 주목하자.

36살의 남성 D는 경찰 공무원이다. 호감 가는 외모에 경제력도
갖추고 있어 1등 신랑으로서의 조건에는 충분히 충족하지만 웬일
인지 소개팅을 100회 이상 했음에도 불구하고 좋은 짝을 만날 수
없었다.

그래서 D는 사람과 어떻게 하면 좋은 관계를 맺을 수 있는지
궁금했으며 자신의 어떤 스피치 스타일을 바꿔야만 할지 답답해
했다. 소통 관련 책도 굉장히 많이 읽어보았지만, 머리로는 알겠
는데 실천은 어려웠다.

진단 및 원인 분석

D가 연애를 시작하지도, 결혼에 골인하지 못하는 이유는 바로 '대화 스타일'에 있었다. 공격적이고 뚝뚝 끊기는 말투를 가진 그는 나의 수업을 그리 신뢰하지 않는 느낌이었다.

이런 경우는 어쩔 수가 없다. 고집이 센 사람은 자신이 눈과 귀로 확인하기 전까지는 남의 말을 잘 믿지 않는다. 그냥 내가 말로 "당신은 이런 대화 스타일을 갖고 있습니다."라고 말하기보다는 "소개팅 상황이라고 생각하고 대화를 나누어보자."라고 했다.

내가 먼저 "안녕하세요. 전 임유정입니다. 식사는 하셨어요?"라고 말문을 열었다. 이 질문에 D는 "네, 먹었습니다."가 끝이었다. 보통은 "아 네, 먹었습니다. 유정 씨는 드셨나요?"라든지 "네, 혹시 아직 식사 전이세요?" 등으로 다시 질문하기 마련인데 정말 자기가 점심을 먹었는지 안 먹었는지만 생각하는 사람이었다. 대화는 뚝 끊겼고, 이후에도 계속 나는 질문을, D는 단답형 위주의 대답을 하며 대화가 오갔다.

이런 자리에서 누가 이런 사람에게 매력을 느껴 애프터를 신청하겠는가? 대화를 할 때는 말이 아니라 마음을 들어야 한다. 상대가 왜 이런 이야기를 하는지 그 의중을 파악해야 하는데, 말만 듣고 말하면 대화의 깊이감은 없어진다.

두 번째 원인은 바로 '부모'였다. D의 부모님은 그리 행복한 결혼생활을 한 것이 아니었다. 두 분이 싸우는 모습을 계속 보고 자라난 그는 항상 아버지 때문에 눈물을 흘리고 힘들어하는 어머니의 모습을 계속 볼 수 없어 감정을 차단하는 방식을 선택했고, 후에도 누군가 자신이 갖고 있는 감정에 대해 말하려고 하거나 생각을 나누고자 했을 때의 저항의식이 굉장히 강했다. 그러다 어느덧 감정이 메말라진 것이다.

해결책 1: 비언어적 커뮤니케이션을 바로잡는다

인기 있는 남자가 되기 위해서는 어떻게 해야 하는지 상황에 따라서 동영상 촬영을 통해 하나씩 확인했다. 자신의 모습을 화면을 통해 직접 본 D는 크게 좌절하며 모든 것을 싹 바꿔야겠다고 다짐했다.

먼저 함께했던 훈련은 '표정 개선하기'였다. 이전 장에서도 언급한 바 있는 고현정(미실) 표정 100종 세트를 통해 표정 개선을 먼저 시도했다. D는 오랜 수험생활로 표정의 변화가 없었다. 다양한 표정 연습을 통해 얼굴 근육 스트레칭을 시도했다. 얼굴 표정뿐만 아니라 자세, 손 동작들을 해보며 다른 사람 앞에서 몸을 움직여 말하는 것을 연습했다. 그 결과 훨씬 더 자연스러운 얼굴 표정과 적극적인 제스처 표현이 가능해졌다.

또한 경직되고 단조로운 목소리 개선 훈련도 들어갔다. D는 말을 할 때 발음이 부정확하고 웅얼거림이 많았는데, 모음과 자음의 음가를 바로잡고 발성 훈련을 통해 소리를 키우니 훨씬 또렷한 스피치 이미지를 만들 수 있었다.

해결책 2: 공감 능력을 키운다

D는 대화의 기본 원칙인 '말이 아니라 마음을 들어라.'라는 것에 대해 인지하지 못하고 있었다. 그는 상대방이 식당에서 "여기 비싼 곳 아닌가요?"라는 말을 했을 때 농담이랍시고 "비싸죠. 은영 씨가 내시려고요?"라고 대답한 경우도 있었다.

대화를 할 때는 말이 아니라 마음을 들어야 한다. 상대방이 "비싼 곳 아닌가요?"라는 말을 했을 때는 '음식값이 비싼 곳이라 제 마음이 부담스러워요.'이거나 '제가 당신에게 그만큼 특별한 사람인가요?'라는 마음일 수 있다. 이렇게 말이 아니라 마음을 들으면 "은영 씨는 제게 특별한 사람입니다. 이 정도는 제가 사드릴 수 있어요."라고 말하는 것이 좋다.

아! 이 글을 읽고 굉장히 어려워할 싱글 남성들의 표정이 떠오른다. 감성 대화법이 어렵다고 생각하는데 사실 그렇지 않다. 사람들은 2가지 마음에서 말을 하기 때문에 이 2가지만 가려내면 된다. 첫 번째는 '인정받고 싶다.'이고, 두 번째는 '아프니까 알아봐달라.'라는 것이다. 위의 경우는 첫 번째에 해당되는 경우로 "당신은 참 내게 특별합니다."라고 말해주면 되는 것이다.

해결책 3: 철이 든 남성인 척한다

'척하는' 남성에게 끌리는 여성이 있다. 그래서 착한 남자들보다는 나쁜 남자들에게 매력을 느끼고 결혼까지 하게 되는 것이다. 나도 결혼을 해보니 여성이 배우자를 선택할 때는 딱 한 가지 기준이 중요한 것 같다. 바로 '철든 남자'다.

주변의 경우를 보니 철든 남성과 사는 여성은 참 행복해 보인다. 철든 남성은 술도 잘 안 먹고 아이도 잘 봐주고 집안 살림도 도와주니 말이다. 하지만 철없는 남성은 친구를 좋아하고 집안일에는 관심이 없는 경우가 많아 부인이 힘들어하는 경우를 종종 볼 수 있다.

여성과 만났을 때 여성들이 좋아하는 것들을 표현해주면 훨씬 더 철든 남성처럼 보일 수 있다. 예를 들면 "저는 아이를 참 좋아해요." "저는 맞벌이를 하면 좋겠지만 그건 와이프의 선택에 달려 있죠." "저는 집안 살림을 하는 것을 좋아합니다." "저는 어른들을 참 존경합니다." "저는 제 일에 소명의식이 있어요." 이렇게 여성들이 좋아하는 철든 남성의 생각을 표현해주면 훨씬 더 결혼에 빨리 골인할 수 있을 것이다.

부정적인 사람들의 특징은 바로 잔걱정이 많다는 것이다. 잔걱정이 많다 보니 정작 해야 하는 걱정은 뒷전으로 미루게 되어 더욱 일이 꼬이게 된다. 부정의 감정이 모두 나쁜 것은 아니지만 자신이 갖고 있는 감정이 심장의 파동을 통해 상대방에게 전달되니 평소 긍정의 마음 훈련을 통해 사람들과 행복하게 소통하는 것이 중요하겠다.

〈어머님이 누구니〉라는 박진영 씨의 노래가 있다. 긍정으로 똘똘 뭉친 사람들을 보면 나는 자연스레 이 노래 제목이 떠오른다. '어머님이 누구니? 어머님이 어떤 분이시길래 도대체 어떻게 너를 이렇게 긍정적으로 키우셨니?'라고 말이다. 하지만 우리는 아이가 아니고 감정을 선택할 수 있는 성인이다. 부모가 본인을 긍정적으로 키우지 않았다고 해도 더이상 투정부리지 말자. 이제 자신의 감정은 자기 것이다. 지금보다 좀더 긍정적으로 바꾸려는 노력을 해보자.

"연애가 잘 안 된다면 지금 당장 본인의 스피치 스타일을 바꿔라."

어린 시절 마음의 상처로 생긴
스피치 공포를 극복하다

스몰토크 등 일상적인 대화에는 아무런 어려움이 없는데 유독 퍼블릭 스피치에
약한 사람이라면 과거에서 그 이유를 찾아보자.

한 언론사 집안의 장남인 E의 스피치 스타일을 지도했을 때의
일이다. E는 30여 년간의 기자 생활 끝에 사장이라는 자리에 올랐
다. 대단한 능력과 인격을 갖춘 분이었지만 말에 대한 막연한 공
포가 있었다. 신입사원들이 입사해 첫 대면을 하는 순간, 별로 어
려운 스피치 상황이 아니었음에도 불구하고 고개를 위아래로 반
복적으로 흔들며 말하는 자신의 모습을 보며 더이상 말을 잇지
못하고 그대로 내려왔다고 한다. 그 일이 있고 나서 바로 나를 찾
아온 것이다.

진단 및 원인 분석

누엇이 문제일까? 한잠 대화를 나누었는데 지금의 스피지 스타일을 갖게 된 원인은 바로 '아버지'였다. "저희 아버지는 밖에 나가서는 정말 현인이셨어요. 제대로 된 가치관과 사고를 갖고 있는 자신감이 넘치신 분이었죠. 하지만 집에서는 아니었어요. 어머니에게 신체적 폭력을 가하곤 했습니다. 저는 어렸을 적 그 모습을 보며 생각했어요. '나는 이중인격자로 살지 않을 것이다. 내 안에 없는 것을 마치 있는 척하며 가식적으로 말하지 않겠다.'라고 결심했죠. 그때의 영향 때문인지, 앞에 나가 말하는 것이 너무 어려웠어요. 내 안에 있는 것만 말하고 싶었죠. 하지만 말을 하면서도 속으로 '너나 잘해. 너도 그렇게 못 하잖아.'라는 소리가 계속 들려 자신감이 없어집니다."라고 말하는 것이 아닌가.

이것은 정말 큰 문제였다. 사실 퍼블릭 스피치는 'I am special!'이라고 생각하며 조금은 쇼 같은 느낌도 들게 해야 하는데, E는 어렸을 적 아버지에 대한 기억 때문에 퍼블릭 스피치에 자신감이 생기지 않는 것이었다. 어릴 적 상처가 그대로 그에게 남아 있는 것이다.

해결책: 논리형 스피치와 감성형 스피치를 훈련한다

E가 가장 자신 있는 관심사를 주제로 3분 스피치부터 논리를 잡아 훈련을 시작했다. 차츰 시간을 늘려 5분, 10분, 30분 스피치로 늘려나갔고 논리적인 스피치 개요서가 하나씩 거미줄 치듯 펼쳐나가는 모습을 보며 굉장히 신기했다. 기자 생활을 오랫동안 해와서 그런지 논리 훈련은 그리 어렵지 않아 했다.

그러고 나서 감성형 스피치 훈련을 시작했다. 아버지의 기억을 떠올리며 그때 E가 느꼈을 감정에 이름을 붙였다. 그 마음은 '아버지가 싫었다.'나 '어머니가 불쌍했다.'가 아닌 '나도 아버지처럼 될까봐 불안하다.'라는 감정이었다. 그 감정을 셀프토크self talk를 통해 그때의 감정을 정리했다. 무대에 대한 공포가 컸기 때문에 목소리 트레이닝도 함께 진행했다.

그 결과 연말 송년회 때 부부동반 모임에서 90분 동안 행사 사회를 볼 정도로 스피치에 자신감이 붙었다. "나중에 홍보할 일이 있으면 꼭 나한테 말해달라. 돕겠다."라고 말하며 고마워하는 E의 모습을 보며 어렸을 적 경험을 통해 얻은 가치관이 이후에도 얼마나 많은 영향을 끼치는지 단적으로 알 수 있었다.

논리 다음이 감성이다. 즉 논리라는 기술을 이용해 틀을 잡지 않으면 진심과 여유라는 감성이 발현되지 않는 것이다. 무대공포는 논리적으로 틀을 잡고 그것에 진심이라는 감정을 넣어 표현하면 잡을 수 있다.

그런데 이때 논리를 제대로 잡지 않고 '아, 이제 논리는 충분해.'라고 생각하는 분들이 있다. 논리는 내가 말할 내용이 딱 한 문장으로 압축될 때까지 충분히 준비해야 나오는 것이다. 그냥 내용만 외웠다고 논리를 다 갖춘 것이 아니다.

"나는 왜 대화는 잘하는데 퍼블릭 스피치는 불편할까?"

모든 스피치 유형이 낙제라도
불가능은 없다

카리스마형은 물론이고 관계형, 논리형, 감성형까지 모든 스피치 영역에서
낙제점을 받았을지라도 충분히 굿 스피커가 될 수 있다.

교육 공무원인 F는 무대공포가 굉장히 심했다. 앞에 나가면 인사도 제대로 못할 정도로 부끄러워했다. 스피치 스타일 진단을 해보니 카리스마형·관계형·논리형·감성형, 이 4가지 유형 모두가 거의 0점에 가까울 정도로 낮게 나왔다.

큰 문제였다. 이런 사람은 스피치에 대한 기본 원칙이나 뼈대가 없기 때문에 가르쳐야 할 것이 많았다. 그러나 이런 사람들이 또 배우고 나면 효과도 확실히 크기에 더욱 변화를 도와야겠다는 의지가 생겼다.

진단 및 원인 분석

무대공포의 원인은 바로 '시골에서 자라난 환경' 때문이었다. F는 시골에서 농사를 지으시는 부모님 아래에서 컸는데 항상 학교를 다녀오면 혼자 집에서 외롭게 시간을 보냈다고 했다. 스피치를 해야 하는 상황도 딱히 없었고, 그렇다고 부모님들이 대화를 좋아해 밥상머리 대화를 하는 것도 아니었다.

그저 조용히 학교를 다녀오면 특별한 대화 없이 하루를 보냈다. 그러다 보니 어렸을 적 배워야 했던 스피치의 기본 틀이 아예 잡히질 못했다. 그래서 자신이 스피치를 잘하는지 못하는지를 인지하지 못했을 뿐만 아니라 그런 것을 배우고 경험할 수 있는 기회가 전혀 없었던 것이다.

해결책: 이론을 잡고 실습으로 다진다

스피치에 대한 이론을 체계화했다. 나의 전작인『성공을 부르는 스피치 코칭』은 스피치에 대한 이론을 바탕으로 쓴 책이기에 이 책과 더불어 스피치 관련 책을 총 5권 정도 읽게 했다. 이론의 원칙이 세워져야 왜 이 실습을 하는지 알 수 있기 때문이다.

보이스 훈련부터 시작했다. 앞에 나와 자신의 목소리를 내보지 못했던 분들에게 논리부터 훈련을 하는 것은 굉장히 위험하다. 보이스 트레이닝 훈련을 통해 자신의 몸 안에서 소리를 내는 훈련부터 시도했다. 다행히 F는 타고난 목소리가 정말 좋았고 그 결과 조금씩 스피치에 대한 관심을 갖게 되었다.

이어 실생활 스피치에 도전했다. 스피치에 대한 전반적인 것을 모두 알려드리기에는 수업의 횟수가 부족했다. 교육 공무원으로서 전화 민원에 대응하는 법, 직장 내 프레젠테이션을 잘하는 방법에 대해 알려드렸더니 일주일 동안 배운 것을 활용해본 다음 한 보따리씩 체험 이야기를 풀어놓았다.

무대공포가 너무 심한 사람이라면 자신의 몸에서 목소리를 내는 훈련부터 하면 좋다. 막연히 누군가에게 자신의 목소리를 내는 것부터가 두려울 수 있기 때문이다.

또한 무대공포를 느끼는 사람들을 보면 내가 느끼는 두려움이 상대방에게 느껴지면 어떻게 하나 걱정을 하는 분들이 있다. 그러나 여러 스피치 학자들의 연구에 의하면 자기가 갖고 있는 두려움이 '7'이라고 할 때 상대방은 그 두려움을 '1' 정도밖에 눈치채지 못했다고 한다. 무대 위에서는 말을 하는 본인이 중요한 것이 아니라 스피치 내용이 더욱 중요하다.

떨리는 것에 집중하지 말고 전달할 메시지에 더욱 몰입해 상대방에게 전해주자. 그럼 한결 심장의 고동소리가 작아지는 것을 느낄 것이다.

"상대방을 너무 배려하면 무대공포가 생길 수 있다."

무대공포증을 극복하고
격에 맞는 스피치에 도전하다

무대 위에만 서면 목소리가 작아지고 얼굴이 빨개지는 사람이라면,
자신을 옭아매는 부끄러움을 스피치에 이용할 줄 알아야 한다.

G는 전형적인 자수성가형 CEO였다. 웨딩홀에 사무보조로 들어가 25년 만에 상무가 된 후 열심히 돈을 모아 지금은 자기 웨딩홀을 갖게 되었다.

하지만 다른 사람 앞에서 말을 할 때 머릿속이 하얘지는 무대공포를 갖고 있었고, 이 때문에 작은 모임에 나가 말하는 것조차 어려워했다. 하지만 웨딩홀 경영을 하고 나서 인맥 모임에 참여할 일이 많아졌고, 대표로서 회사 이미지를 위해서라도 이러면 안 되겠다 싶어 나를 찾아왔다.

진단 및 원인 분석

G는 정말 인격적이고 따뜻한 카리스마를 갖고 있었다. 고생을 워낙 많이 했던 터라 상대방을 배려하는 힘이 있었다. 이리 당당하고 따뜻한 사람이 무대공포라니 많이 안쓰러웠다.

무대공포의 원인을 이야기하다 보니 어렵게 자신의 가족에 대한 이야기를 들었다. "처음 웨딩홀에 취직했는데 아이들 때문에 멀리 갈 수 없어 집 근처 웨딩홀에 취업을 했어요. 사실 저희 남편은 생활능력이 별로 없어요. 저는 웨딩홀에서는 열심히 일하는 능력 있는 사람이었지만, 동네 사람들은 저에게 남편은 저렇게 사는데 저 여자는 나가서 일한다며 손가락질하는 것처럼 느껴졌어요. 그래서 제 목소리를 거의 내지 않고 살았습니다."

G의 무대공포의 원인은 '부끄러움'이었다. 남 앞에서 나라는 사람을 드러내고 싶지 않았던 것이다.

해결책: 과거를 스피치 소재로 만든다

G는 내가 만났던 여성 경영자들 가운데 최고의 인격을 갖춘 사람이었다. 나는 스피치 코칭을 통해 많은 대표를 만나는데 여성

경영자에게 실망했던 적이 사실 많았다. 하지만 G는 사람을 진정으로 좋아하는 이였다.

나는 G의 인격이 고스란히 퍼블릭 스피치에도 나올 수 있도록 독려했다. 일단 부끄러운 이야기를 밖으로 꺼내는 것부터 시작했다. 그녀가 갖고 있는 가정사를 앞에 나와 말하게 했고, 그것을 성공 에피소드의 하나로 만들었다. '이러이러한 많은 어려움이 있었지만 그런 어려움이 지금의 나를 만들었다.'라고 재가공을 한 것이다.

G가 조금은 부끄럽게 여기던 과거가 이제는 자신에게 큰 성공의 동기부여가 된 것에 큰 행복을 느끼기 시작했다. 더이상 과거에 연연하기보다는 성공한 현재, 그리고 앞으로 더욱 성공할 미래에 대한 생각을 하게 된 것이다.

과거의 기억이 자신을 옭아매는 경우가 있다. 하지만 그 경험이 정말 나 자신에게 나쁜 영향만을 미쳤을까? 오히려 그것 때문에 더욱 열심히 살고 더욱 성실하게 살려고 노력하지 않았는가? 어떤 일이든 양면성을 갖고 있다.

내가 가장 좋아하는 말 중에 이런 말이 있다. "이 또한 지나가

리라!" 지금 좋은 일이 많다고 행복해하지 말자. 너무 힘든 일이 많다고 지쳐 있지 말자. 그것이 지금 내가 내린 해석과 달리 다른 결과를 낳는 부메랑이 되어 돌아올 수 있으니 말이다.

"아무리 작은 인맥 모임의 자기소개라도 제대로 하려면 쉽지 않다."

사회 초년 시절의 스피치 트라우마를 극복하다

한 번 생긴 트라우마는 쉽게 사라지기 어렵지만
스피치 트라우마는 스피치 스타일 교정으로 충분히 극복 가능하다.

큰 수입회사를 경영하고 있는 H는 말에 대해 엄청난 공포를 갖고 있었다. 남 앞에만 서면 머릿속이 하얘졌다. 순발력 있게 상황에 맞는 애드리브를 하고 싶지만 전혀 할 수 없었고, 보수적인 스피치를 하고 있었다.

스피치 스타일 진단을 해보니 카리스마형 스피치 스타일의 점수는 높게 나왔지만, 감성형 스피치 스타일과 관계형 스피치 스타일의 점수는 현저히 낮게 나왔다.

진단 및 원인 분석

H는 카리스마가 넘치는 사람이었다. 그런데 왜 퍼블릭 스피치에 어려움을 겪고 있는 걸까? 평소 사람들과 대화를 할 때는 카리스마가 넘쳤지만 오히려 카리스마가 더욱 필요한 퍼블릭 스피치를 할 때는 순한 양이 된다는 것이 문제였다.

사실 일상적인 대화를 할 때는 카리스마보다는 상대방의 감정에 공감해주는 감성형의 스피치 스타일이 필요한데 감성형의 점수도 낮다 보니 일대일 대화와 퍼블릭 스피치 모두에 어려움을 겪는 분이었다.

나는 H와 충분한 대화를 나누었고, 그사이 무대공포에 대한 몇 가지 원인을 찾을 수 있었다. "저는 고향이 시골이에요. 대학 때 서울로 왔죠. 졸업 후 대기업에 입사를 했어요. 직장에 들어와 첫 프레젠테이션을 하는데 제가 마음에 두고 있는 여성 상사가 작게 혼잣말로 '차라리 말을 하지 말지.'라는 말을 하는 걸 들었어요. 그때 그 여성 상사가 했던 말과 표정이 잊히지 않아요. 그 이후로 말하기가 참 어려워졌습니다."

어떻게 보면 큰 수입회사를 운영하시고 나이도 쉰이 넘으신 분이 이런 작은 사건에 말에 대한 트라우마가 생겼다는 것이 믿기지 않았다. 그런데 스피치 스타일 교육을 하다 보면 정말 남들이 보기에는 별 것 아니라고 생각할 수 있는 일들이 스피치의 발목을 잡는 일이 비일비재하다.

해결책 1: 셀프토크로 내 마음을 정리한다

직장에 들어가 처음 발표할 때 받은 마음의 상처를 치유하는 것이 우선이었다. "대표님, 그때 직장에서 발표를 할 때 여성 상사가 말을 참 못 한다고 말을 했다고 하셨잖아요. 그때 그 말을 듣고 마음이 어떠셨어요?" "정말 화가 났어요. 기본적인 매너가 안 되었다고 생각했죠." "그런데 대표님, 정말 그 마음이 진짜 마음이었을까요? 제가 오지선다로 여러 마음을 알려드릴 테니 그때 느꼈던 마음과 가장 가까운 마음을 하나만 선택해 말씀해주세요." "1번, 그 여성 상사에게 화가 났다. 2번, 나를 무시한다는 생각이 들었다. 3번, 이번 프레젠테이션을 망친 것 같아 상사에게 혼날까 걱정되었다. 4번, 내가 말을 너무 못 한 것 같아 창피했다. 5번, 시골에 올라와 서울에 취업을 했는데 내가 과연 서울에서 잘 버텨낼 수 있을지 나의 미래가 불안하게 느껴졌다."

과연 H는 어떤 마음이 진짜라고 말했을까? 바로 5번이었다. "맞아요. 저는 그때 굉장히 많이 불안했어요. 이런 것도 못 하는데 어떻게 서울에 와서 살아남을 수 있을지 말이에요."

그때 그가 느꼈던 감정은 화가 아니었다. 그것은 불안이었다. 그리고 '너 그때 굉장히 불안했었구나.'라고 셀프토크를 할 수 있도록 한 뒤, 다시 질문했다. "그때의 감정이 지금의 성공한 대표님을 만드는 데 꼭 부정적인 역할만 했을까요?"

오히려 그때의 경험과 불안함 덕분에 더 많이 준비하고 노력했다고 답하는 모습을 보며 셀프토크를 마무리했다. "참, 대표님, 그때 그 여성 상사는 20여 년 전에 자신이 대표님에게 했던 말을 기억할까요?"라고 묻자 대표는 껄껄 웃으며 "상대방은 기억도 못하는 것을 저만 붙잡고 있었네요."라고 말했다.

해결책 2: 짧은 스피치부터 트레이닝한다

감성형 스피치 스타일의 점수가 낮게 나온 분들은 자신이 경험한 이야기를 스토리텔링해 말하는 것에 불편함을 느낀다. 공식적인 자리에서 이렇게 자신의 사적인 이야기를 해도 되냐며 항상 물어본다.

그렇다. 물론 공식적인 자리에서는 가급적 삼가야 할 때도 있지만 인맥이나 사교 모임에서는 자신의 경험담을 적절히 노출해야 상대방과 친밀감을 나눌 수 있다. 그래서 H는 자신의 경험담을 말하는 연습뿐만 아니라 명언 등을 인용해서 말하는 훈련을 자주 했다.

남성들, 특히 50~60대의 보수적인 남성들은 명언이나 의미 있는 말을 들으면 그것을 기억해두었다가 꼭 활용하는 특징이 있다. 좋은 말들을 모은 다음 그것을 청중에게 이야기해보는 훈련을 실시했다.

> **예** 사람이 어떤 일에 실패할 때 '지혜'가 부족해서인 경우는 거의 없다. 사람에게 늘 부족한 것은 바로 '성실'이다.
>
> → 여러분, 사람이 어떤 일에 실패할 때는 '지혜'가 부족해서인 경우는 거의 없습니다. 사람에게 늘 부족한 것은 지혜가 아니라 '성실'입니다. 여러분, 올 한해 성실한 마음으로 우리 회사를 더욱 건실하게 만들어봅시다.

해결책 3: 자신의 모습을 눈으로 객관화한다

사람들은 자신의 모습을 보는 것에 굉장히 부끄러움을 느낀다. 하지만 이러한 객관화 작업을 해야 조금씩 나아지는 자신을 발견할 수 있다. 가급적 발표하는 모습이나 사전 리허설 하는 모습을 카메라로 찍어보자. 그럼 '나에게 이런 면이 있었나?' 새삼 놀라게 되는 장면늘이 나올 것이다.

예전에 유명 가수가 어떤 인터뷰에서 이렇게 말한 적이 있다. "무대에 오르면 관객들은 나를 보지만 저만 저를 보지 못해요. 그래서 제가 어떤 표정을 짓는지 어떻게 춤을 추는지 모르죠. 하지만 거울 앞에서 충분히 연습을 통해 제 모습을 확인하면 정확하지는 않지만 어떻게 하고 있는지 그림을 그릴 수는 있어요. 그래서 저는 연습을 많이 합니다."

무대에서 본인이 어떻게 말하는지 녹화해보자. 그리고 모니터링 과정을 통해 스스로의 모습을 확인한다면 한결 여유로운 스피치를 할 수 있을 것이다.

우리는 알지 못하는 무지無知에서 두려움을 느끼는 경우가 많다. 내 자신이 어떻게 말을 하는지 녹화해 셀프 모니터링을 하면 훨씬 자신을 객관화할 수 있어 자신감을 키울 수 있다.

물론 개선되기 전에 스피치하는 자신의 모습을 보면 많은 분들이 괴로워하지만 개선은 인정에서부터 시작된다. 지금이라도 자신의 단점을 객관화해 하나씩 수정하고 보완해가야 한다. 그러면 당신의 스피치는 분명히 바뀐다.

"애드리브는 꿈도 꿀 수 없는 보수적인 스피치는 곤란하다."

스피치도
하나의 기술일 뿐이다

요즘 들어 예전 합정동 옥탑방에서 라온제나 스피치 아카테미를 시작했을 때 만났던 학생들의 연락이 부쩍 잦아졌다. "선생님, 저는 아직도 참 힘들어요." 20대 후반에 나를 만났던, 방송인을 준비하던 학생이 정말 오랜만에 다시 내게 문자를 보냈다.

그 문자에 어떻게 답을 할까 하다가 이렇게 답장을 했다. "너 힘들구나. 그래, 사는 게 참 쉽지 않지? 그런데 무엇이 힘들고 불안하니? 지금 네가 보낸 오늘 하루를 돌아보면 그 불안의 원인을 알 수 있지 않을까?"라고 말이다.

요즘 사람들은 미래에 대해 매우 불안해한다. 40대 후반에도 회사에서 자기 자리를 지킬 수 없는 상황에 처할 수 있고, 사업이라는 게 언제든 어려워져 벼랑 끝으로 떨어질 수 있기 때문이다. 세상은 변하고 있다. 그것도 아주 빠르게 말이다. 명확한 것은 변화에 능동적으로 대처하는 자만이 살아남는다는 것이다. 세상이 그래서, 시국이 그래서, 경기가 어려워서 등과 같은 말은 하지 말자. 어쨌든 나는 내가 데리고 살아야 한다.

오늘 내가 보낸 하루를 돌아보면 내가 앞으로 3일 동안 어떻게 살지가 결정된다. 그 3일이 일주일이 되고 그 일주일이 한 달이 된다. 1년은 365일밖에 되지 않는다. 하루를 만 원이라고 본다면 1년은 365만 원밖에 되지 않는 것이다. 어쩌면 1년이 빠르게 지나가는 것은 정말 1년이 며칠밖에 안 되기 때문일지 모른다.

세상은 변하고 있다. 스피치 중심으로 변하고 있다. 스피치가 중요한 것이 아니라 자신을 단시간 안에 표현하는 스타일로 과업이 변하고 있다.

다행히도 사람을 감동시키는 데도 그리 큰 노력이 필요하지 않다. "사람의 기대치를 조금만 뛰어넘어라."라는 말이 있지 않은가? 조금만 뛰어넘어라. 그것도 아주 조금만!

이 책을 마무리하며 만감이 교차한다. 내게 스피치 스타일 지도를 받았던, 또는 지금 받고 있는 사람들의 얼굴이 떠오르기 때문이다. 처음에는 함께 울던 분들이 조금씩 자신감을 찾아가면서 함께 웃게 되었을 때 나는 정말 행복했다.

직업이라는 것이 3가지가 충족되면 더욱 행복을 느낄 수 있다고 한다. 첫째, 보상이 제대로 주어지는가? 둘째, 경력이 될 수 있는가? 셋째, 자신의 소명을 느낄 수 있는가?

나는 앞으로 하고 싶은 것이 정말 많다. 스피치라는 학문에 대해 좀더 깊이 있게 공부를 하고 싶기도 하고, '스피치 스타일'이라는 것을 통해 말하기에 어려움을 갖고 있는 분들과 더욱 많이 소통하고 싶기도 하다. 그리고 강사로서의 행복한 삶도 중요하지만 더 나이가 들기 전에 교육 사업이라는 더 큰 도전을 해보고 싶은 마음도 있다.

지금의 임유정을 보며 사람들은 묻는다. "자신이 하고 싶은 일을 잘하는 기분은 어떤 거예요?" 나는 그런 말을 들을 때마다 속으로 혼자 웃음을 짓는다. '이게 정말 제가 하고 싶은 일이라고요? 지금의 제가 잘하고 있는 거라고요?'라고 말이다.

나는 늦잠을 자는 것도 좋아하고, 멍하니 앉아 TV를 보는 것도 좋아한다. 여름이 되면 바다로 여행을 가고 싶고, 겨울이 되면 스키를 타러 스키장에 가고 싶다. 하지만 중요한 것은 지금 내게 놓여진, 내가 다른 사람과 나누어야 할 것이 많기에 그렇게 못 하고 꾹 참고 일에 매진하고 있다.

세계적인 베스트셀러 작가 파울로 코엘료는 "행복이란 자신이 지켜야 할 것을 지키면서 주변의 다른 것도 바라보는 것이다."라고 말했다. 진정한 행복은 그냥 노는 것, 편하게 있는 것, 쉬는 것에 있지 않고 내 할 일을 다 하고 난 뒤 그 성취감을 갖고 쉬는 것에 있다고 생각한다.

여러분도 자신의 일에 성공하고 싶은가? 여러분의 능력을 끌어올리고 싶은가? 누군가를 이기기 위해서가 아니라 자신이 스스로에게 자신감을 가질 수 있도록 만족감을 드러낼 수 있도록 내 일에서 성공하고 싶은가?

그럼 스피치에 대해 불편해하지 마라. 스피치도 하나의 기술이다. 기술을 연습하면 반드시 스피치도 잘할 수 있다.

어떻게 말해야 할지 막막한 나에게
딱 맞는 스피치 스타일

초판 1쇄 발행 2015년 6월 5일
개정 1판 1쇄 발행 2020년 5월 25일

지은이 | 임유정
펴낸곳 | 원앤원북스
펴낸이 | 오운영
경영총괄 | 박종명
편집 | 최윤정 김효주 이광민 강혜지 이한나
디자인 | 윤지예
마케팅 | 송만석 문준영
등록번호 | 제2018-000146호(2018년 1월 23일)
주소 | 04091 서울시 마포구 토정로 222 한국출판콘텐츠센터 319호(신수동)
전화 | (02)719-7735   팩스 | (02)719-7736
이메일 | onobooks2018@naver.com   블로그 | blog.naver.com/onobooks2018
값 | 16,000원
ISBN 979-11-7043-088-9 03320

이 도서의 국립중앙도서관 출판예정도서목록(CIP)은 서지정보유통지원시스템 홈페이지(http://
seoji.nl.go.kr)와 국가자료종합목록 구축시스템(http://kolis-net.nl.go.kr)에서 이용하실 수 있습
니다.(CIP제어번호 : CIP2020017693)